Für Andreas!
Herzlichst
Regina Rusch

Regina Rusch

Ruhestörung

Wie Rentner Prietzel zu Kindern kam

Regina Rusch

Ruhestörung

Wie Rentner Prietzel zu Kindern kam

anrich

Titelillustration: Sabine Metz
Satz: AbSatz Typographisches Büro, Hoya/Weser
Druck, Bindung: Ebner Ulm
ISBN 3-89106-089-0

1. Kapitel

Ein Fußball zum Frühstück

„Tor!“ schrie eine Kinderstimme.
„Mau!“ schrie Kuno kläglich.
„Nein!“ rief Herr Prietzel. Der Ball prallte an der Lehne von Kunos Lieblingssessel ab, sprang auf den Tisch und rollte geradewegs auf die Kaffeekanne zu. Kuno jagte in langen Sätzen davon. Herr Prietzel stürzte aus der Küche auf die Terrasse. Im letzten Moment riß er die Kaffeekanne an sich. Etwas Kaffee schwappte aus der Tülle.
„Oh nein!“ rief Herr Prietzel wieder. Der Ball holperte über das Brotmesser, streifte den Zuckertopf und plumpste dann vom Tisch.
Herr Prietzel starrte auf seinen verwüsteten Frühstückstisch. Er stöhnte. Genau so hatte er es kommen sehen. Genau das war sein erster Gedanke gewesen, als er gestern von dem geplanten Spielplatz erfahren hatte. Ein Spielplatz direkt neben seinem Haus.
Vorbei war es mit der morgendlichen Frühstücksruhe. Kein Kaffeetrinken mehr auf der Terrasse, kein Dösen mehr in der Mittagssonne. Nur noch Lärmen und Schreien und Kreischen.
„Drei zu Null“, schrie eine Kinderstimme aus einiger Entfernung. Ein vielstimmiges Siegesgeheul folgte. „Angeber!“ und „Abwarten!“ tönte es in unmittelbarer Nähe. Die Zweige des Holunderbusches bewegten sich. Es

raschelte, und ein strubbeliger Kinderkopf tauchte zwischen den Blättern auf.
„Ich kann den Ball nicht finden“, rief der Strubbelkopf, „siehst du ihn?“
„Nein, aber er muß hier sein“, antwortete eine ziemlich hohe Stimme, die stark lispelte. Das Kind mit der Lispelstimme war etwa zwölf Jahre alt und schwang gerade ein Bein über Herrn Prietzels Gartenzaun. „Hier ist er hineingeflogen“, sagte es, „ich hab es genau gesehen.“ Der Strubbelkopf war höchstens zehn Jahre alt. Er stand jetzt vor dem Holunderbusch und sah sich suchend um. Sein Blick fiel auf Herrn Prietzel. Die Lispelstimme suchte in der anderen Richtung.
„Kirschen!“ rief sie plötzlich. „Guck mal, lauter reife Kirschen!“ Blitzschnell rupfte sie ein paar Kirschen ab und steckte sie in den Mund.
Herr Prietzel sah fassungslos von einem Kind zum anderen. Er hielt noch immer die gerettete Kaffeekanne in der Hand. Der Strubbelkopf lief unbekümmert über das Beet mit den Begonien. Bei jedem Schritt knackten die Blätter. Auch die Lispelstimme hatte Herrn Prietzel jetzt entdeckt. Sie wischte ihre Hand an dem hosenkurzen Jeansrock ab und spuckte einen Kirschkern auf die Terrasse.
„Guten Tag“, sagte sie.
Herr Prietzel stellte die Kanne auf den Tisch zurück. Was sollte er sagen? Wie sollte er sich verhalten? Er könnte losbrüllen. Er könnte den Ball einkassieren. Er könnte ein Gespräch mit den Eltern androhen.
Lächerlich, dachte Herr Prietzel. Er könnte freundlich sein. Er könnte die Kinder bitten, ihm seine Ruhe zu lassen. Kommt nicht in Frage, dachte Herr Prietzel.

Ihm fiel nichts besseres ein als: „Das sind meine Kirschen." Die Lispelstimme lächelte und nickte: „Absolut lecker", sagte sie und strahlte Herrn Prietzel aus schmalen grünen Augen an. „Wir suchen unseren Ball. Ist hier vielleicht einer in den Garten gekullert?"

Herr Prietzel zog die Augenbrauen zusammen. „Gekullert?" fragte er gedehnt.

„Ja, ja", rief der Strubbelkopf schnell. „So ein schwarzweißer Ball!"

„Aus Leder", ergänzte die Lispelstimme. Herr Prietzel bückte sich hinter den Tisch und hob den marmeladenverschmierten Ball auf. „Nein", sagte er, „hier ist kein Ball hergekullert."

„Aber ...", stotterte der Strubbelkopf und blickte verwirrt auf den Ball in Herrn Prietzels Hand. Die Lispelstimme hüpfte auf ihn zu, um ihm den Ball abzunehmen. „Da ist er ja", rief sie.

„So", sagte Herr Prietzel bedächtig, „den meint ihr. Der ist aber nicht in meinen Garten gekullert." Strubbelkopf und Lispelstimme warfen sich unsichere Blicke zu. Herr Prietzel zog die Augenbrauen noch strenger zusammen. Er schnipste etwas Marmelade vom Ball. „Der ist mir zugeflogen."

Strubbelkopf kicherte. Lispelstimme sah Herrn Prietzel einen Augenblick lang unverwandt an, dann zog sie die Nase kraus und sagte: „Uns ist er entflogen."

Herr Prietzel räusperte sich und kniff die Lippen zusammen, damit das Zucken um seine Mundwinkel aufhörte. Jetzt mußte er sich entscheiden. Wenn er zu freundlich war, würden ihm die Kinder bald auf der Nase herumtanzen. Wenn er zu polterig war, würden sie ihn auch nicht

ernst nehmen. Keifende Erwachsene fand Herr Prietzel einfach lächerlich. Ach was, dachte er, freundlich oder unfreundlich – ich will meine Ruhe haben. Laut sagte er: „Ihr habt hier überhaupt nichts zu suchen."
Lispelstimme zog wieder ihre Nase kraus. „Doch", sagte sie bestimmt, „unseren Ball." Sie lächelte. Herr Prietzel fand, daß das kleinkindhafte Lispeln überhaupt nicht zu ihr paßte.

Glatzkopf mit Schlotterhosen

„Euer Ball ist mitten in meinem Frühstückstisch gelandet", sagte Herr Prietzel. Er trat zur Seite, damit die Kinder den Tisch sehen konnten. Eine rote Marmeladenspur zog sich quer über das Tischtuch. Die fertig bestrichene Brötchenhälfte lag verkehrt herum auf der Butterschale. Der Zukkertopf war umgekippt. Von Herrn Prietzels Morgenzeitung tropfte Kaffee. Nur die Kaffeekanne stand unberührt und dickbäuchig in der Mitte.
„Oh", sagte Lispelstimme nur. Herr Prietzel konnte nicht erkennen, ob sie es bewundernd oder erschrocken meinte. Aber als Strubbelkopf ein leises „Volltreffer!" herausrutschte, riß Herrn Prietzel die Geduld.
„Das hier ist meine Terrasse und mein Garten", sagte er mit leicht drohendem Unterton. „Hier will ich nicht gestört werden. Weder von fliegenden Bällen noch von schreienden Kindern!" Je länger er sprach, desto lauter wurde Herr Prietzel. „Ich will meine Ruhe haben, versteht ihr!"

Er warf Strubbelkopf den Ball zu. „Jetzt verschwindet!“ rief er. „Und sagt das auch euren Freunden!“
Lispelstimme stellte sich neben Strubbelkopf und drängte ihn nach hinten zum Gehen. „Wir dürfen hier spielen“, sagte sie dann ein wenig trotzig, „es steht in der Zeitung. Meine Mutter hat es mir vorhin vorgelesen.“
„Hier nicht!“ Herr Prietzel schrie jetzt fast. „Das hier ist mein Grundstück!“
Lispelstimme ließ sich nicht beirren. „Aber nebenan dürfen wir spielen. Der Bürgermeister hat es erlaubt.“
„Der wohnt ja auch nicht hier!“ rief Herr Prietzel den Kindern nach.
Weg waren sie. Endlich. Die Frage war nur, wie lange. Herr Prietzel ließ sich auf einen Stuhl fallen. Schon ging der Lärm wieder los.
„Iiiii!“ kreischte ein Kind. „Der Ball klebt ja!“ „Kein Wunder“, rief ein anderes Kind, „er hat gefrühstückt.“ Herr Prietzel erkannte die Stimme genau. Sie war ziemlich hoch und lispelte stark. „Marmelade und Zucker“, rief sie und kicherte wie verrückt. Die anderen Kinder fielen in das Gelächter ein. „Da drüben bei dem Glatzkopf!“ Das Gejohle wurde immer lauter. Herr Prietzel fuhr sich unwillkürlich über den Kopf. Fest und glatt fühlte sich die Haut an, nur hinter den Ohren kräuselten sich noch ein paar silbergraue Härchen.
„Glatzkopf“, schnaufte Herr Prietzel. So hatte ihn noch keiner genannt. Er räumte die Frühstückssachen auf ein Tablett.
„Das ist doch bloß ein harmloser Opa“, tönte es von drüben. Herr Prietzel versuchte, einfach nicht mehr hinzuhören. Er trug das Tablett in die Küche. „Die Hosen hättet ihr

sehen müssen!“ brüllte die Lispelstimme. Das letzte, was Herr Prietzel verstand, bevor er die Terrassentür zuknallte, war „Schlotterhose“.

Baulücke wird Kinderspielplatz

Es dauerte eine Weile, bis Herr Prietzel endlich zum Frühstücken kam. Und zwar in der Küche. Nach so viel Aufregung ging ihm alles nur langsam von der Hand. Als er neuen Zucker in den Zuckertopf schüttete, rieselte eine Menge daneben. Herr Prietzel hielt das Töpfchen unter den Rand der Tischplatte und schob den Zucker bedächtig mit dem Finger hinein. „Schlotterhose“, sagte er laut vor sich hin und schnalzte verächtlich mit der Zunge.

Als er sich Milch in den Kaffee goß, kam Kuno unterm Küchenschrank hervorgekrochen. Dorthin hatte er sich nach dem Fußball-Angriff gerettet. „Mau“, machte Kuno und strich Herrn Prietzel um die Beine.

Herr Prietzel kraulte liebevoll den Kopf des Katers. Er füllte etwas Milch in eine Untertasse und stellte sie auf den Boden. Kuno lief einmal links herum, einmal rechts herum um den Teller, dann begann er zu trinken. Währenddessen hatte Herr Prietzel Zucker in seinen Kaffee getan, einen gehäuften Löffel voll und noch einen halben. Nun rührte er – einmal links herum, einmal rechts herum. Dann begann er zu trinken.

„Kuno“, sagte Herr Prietzel und schlug die halbwegs getrocknete Zeitung auf. „Ich hab ja nichts gegen Kinder, aber was zuviel ist, ist zuviel.“ Kuno leckte sich genüßlich

das Maul. Herr Prietzel setzte seine Lesebrille auf und überflog die Überschriften der Zeitungsartikel. Dabei sprach er unentwegt vor sich hin. „Jetzt haben wir nicht nur Krach von vorn, sondern auch noch von hinten."
Herr Prietzel blätterte weiter. „Als ob der Straßenlärm nicht reicht." Herr Prietzel hatte immer noch nicht gefunden, was er suchte.
„Da!" rief er plötzlich. „Da steht es!" Kuno unterbrach seine Katzenwäsche für einen Moment, dann putzte er weiter. Herr Prietzel faltete die Zeitung halb zusammen, damit er sie besser halten konnte. Der Artikel, den er gesucht hatte, war nicht sehr lang, aber groß aufgemacht. „BAULÜKKE WIRD SPIELPLATZ" stand in großen Buchstaben darüber. Sogar ein Foto war dabei.
„Guck dir das an, Kuno", sagte Herr Prietzel und hielt die Zeitung näher an die Augen. Das Foto zeigte ein ziemlich verwildertes Grundstück. Links war ein Stück einer leerstehenden Fabrikhalle zu sehen, mit zerbrochenen Fensterscheiben und halb herausgerissenem Tor. Überall lagen zerbeulte Fässer herum. Der größte Teil des ehemaligen Werkshofs war betoniert. In den Ritzen und Rissen wucherte Gras. Von dem großen Mietshaus im Hintergrund erkannte man nur die Umrisse der Fenster und Balkone. Das untere Ende des Fotos, zur Straße hin, säumten Dächer von Autos und Lastwagen. So, wie sie jeden Tag dort vorbeifuhren, Stoßstange an Stoßstange.
Herr Prietzel sah genauer hin. Wahrhaftig. Das Haus am rechten Bildrand war sein Häuschen. Die Holunderbüsche dahinter, der Kirschbaum und der kleine Schuppen. Unverkennbar sein eignes Haus.
„So was aber auch!" entfuhr es Herrn Prietzel. Er raschelte

so heftig mit der Zeitung, daß Kuno erschrocken zusammenfuhr. „Das ist ja geradezu eine Einladung für jedes Kind“, sagte Herr Prietzel grimmig.

Ein Geschenk vom Bürgermeister

Dann las Herr Prietzel den Zeitungsbericht. Er las ihn sich selbst und Kuno vor:

„Rechtzeitig zum Beginn der Sommerferien machte Bürgermeister Drücker den Kindern gestern ein passendes Geschenk: Das ungenutzte Grundstück in der Kiesheimer Hauptstraße wird Spielfläche. Auf dem Gelände befand sich früher eine Niederlassung des Chemieunternehmens Guss AG. Vor fünf Jahren wurde jedoch die Produktion in das Hauptwerk nach Tiefstburg ausgelagert. Seitdem standen die Fabrikgebäude leer. Im vergangenen Herbst ging das Guss-Grundstück in den Besitz der Stadt über.
Bürgermeister Drücker meinte, solange die weitere Nutzung noch nicht feststehe, dürften die Kinder dort spielen. Er wolle sich dafür einsetzen, daß Spielgeräte und ein Sandkasten aufgestellt würden.“

Herr Prietzel ließ die Zeitung sinken. „Das wird ja immer schöner“, murmelte er, „gestern sollte es nur eine vorübergehende Lösung sein, und heute wird schon eine Dauereinrichtung geplant.“ Verärgert legte Herr Prietzel die Zeitung auf den Stuhl neben sich. „Spielgeräte“, murmelte er, „Sandkasten. Ein Spielplatz für immer, mit allem Drum und Dran.“

Er schob sich ein Stück Brötchen in den Mund. In der Küche schmeckte es nur halb so gut wie auf der Terrasse. Herr Prietzel kaute lange und sorgfältig. Beim Kauen konnte er nicht sprechen, nur denken. Die Gedanken, die ihm durch den Kopf gingen, ließen ihn immer wieder den Kopf schütteln. Warum mußte ausgerechnet neben seinem Haus ein Spielplatz entstehen?

„Kuno", sagte Herr Prietzel schließlich, „jetzt heißt es aufpassen. Alles lassen wir uns nicht gefallen." Kuno lag zusammengerollt auf der Fensterbank und blinzelte nur müde mit dem rechten Auge.

Den Vormittag verbrachte Herr Prietzel damit, den Stekker des Staubsaugers zu reparieren. Und einen Knopf an sein Hemd zu nähen. Zwischendurch ging er manchmal zur Terrassentür, öffnete sie einen Spalt und horchte. Immer noch Geschrei. Herr Prietzel seufzte.

Es war warm und stickig im Haus. Draußen bewegte ein leichter Wind die Blätter. Herr Prietzel seufzte wieder. Er nähte noch einen Knopf ans Hemd, den obersten, den Kragenknopf. Den obersten Knopf ließ Herr Prietzel immer offen, er benutzte ihn nie. Aber wenn er schon nicht draußen sitzen konnte bei diesem herrlichen Wetter, wollte er wenigstens etwas nützliches tun. Auch wenn es total unnütz war. Verflixt! Herr Prietzel hatte sich in den Finger gestochen. Er warf das Hemd auf den Tisch und riß die Terrassentür weit auf.

„Saubande!" rief er in den Garten.

Kuno nutzte die Gelegenheit und flitzte hinaus. „Saubande", murmelte Herr Prietzel noch einmal vor sich hin. Es hörte ihn ja doch keiner. Er dagegen hörte alles. Jeden Ruf, jedes Lachen, jeden Schrei. Einige Kinder trommelten offenbar auf den leeren Fässern. „Nein", sagte Herr Prietzel plötzlich entschlossen, „nein, nein." Er zog seine Pantoffeln aus und die Schuhe an. Dann verließ er das Haus.

Jemand bietet seine Hilfe an

Herr Prietzel war nicht der einzige, der auf die Idee gekommen war, zu Lene Krüschen zu gehen. In ihrem Laden traf er seine Nachbarn. „Das ist ja nicht zum Aushalten", beschwerte sich die alte Frau Wacker. Lene Krüschen lächelte, zog den Quittungsbon aus der Kasse und reichte die Plastiktüte mit der Aufschrift „Feinkost Krüschen" über den Tresen. Paul Manzak, ehemaliger Fernfahrer, und Hennie Pusch, die früher Lehrerin gewesen war, nickten zustimmend. „Den ganzen Morgen geht das schon so mit dem Gekreisch", sagte Frau Wacker und legte drei Bananen auf die Waage.

Frau Wacker, Paul Manzak und Hennie Pusch wohnten alle im selben Haus, in dem auch Lene Krüschen ihren Laden hatte. Das Haus hatte zwei Eingänge und vier Stockwerke. In jedem Stockwerk gab es vier Wohnungen. In den allermeisten der insgesamt sechzehn Wohnungen lebten alte Leute. Die meisten schon seit Jahrzehnten. Die Rückseite des Mietshauses grenzte an das verwilderte Grundstück.

Herr Prietzel wartete, bis alle erzählt hatten. „Das ist ja noch gar nichts!" sagte er dann. Bevor er weitersprach, suchte er umständlich ein paar Dosen Katzenfutter aus dem Regal, um die Spannung zu steigern. „Bei mir waren die Kinder schon auf der Terrasse", sagte er dann auf-

trumpfend. Bis in die kleinste Kleinigkeit mußte Herr Prietzel berichten.
„Hattest du wenigstens noch ein zweites Brötchen?" fragte Hennie Pusch teilnahmsvoll. „Den Fußball hast du doch hoffentlich einbehalten?" fragte Paul Manzak. „Was sollen wir nun bloß machen?" fragte Frau Wacker.
Doch Herr Prietzel kam nicht zum Antworten. Stattdessen kam Emil Pillau. Groß und breit stand er plötzlich in der Tür zu Lene Krüschens Laden. „Ich weiß schon alles", rief er, laut und etwas nuschelig wie immer. Seine Lippen unter dem kurz geschnittenen, graumelierten Schnurrbart lächelten, wie immer. Er schlug Herrn Prietzel auf die Schulter und sagte gönnerhaft: „Ich mach das schon!" Auch wie immer.
Emil Pillau kümmerte sich um alles. Er kannte tausend Leute in allen Ämtern und Behörden. Irgendwo saß immer ein Parteifreund von ihm. Irgendwer schuldete ihm immer noch einen Gefallen. Irgendeine Information hatte er stets auf Lager. „Es ist eine Zumutung für die alten Leute, die hier wohnen", sagte Emil Pillau und hob bedeutungsvoll den Zeigefinger. „Natürlich haben auch die Kinder ein Recht auf einen Spielplatz..." Emil Pillau machte eine kleine Pause, dann senkte er die Stimme. „Aber der muß ja nicht unbedingt vor den Schlafzimmern unserer älteren Mitbürger liegen", sagte er.
Frau Wacker und Paul Manzak nickten zustimmend. Hennie Pusch zog die Schultern hoch. „Wen interessiert das schon?" fragte sie. Lene Krüschen lächelte und hielt sich raus. Herr Prietzel stellte ein Paket Eier in seinen Einkaufskorb. Er sah Emil Pillau von der Seite an und sagte: „Vor uns brauchst du keine Wahlreden zu halten, Emil."

Emil Pillau tat empört. „Es geht mir doch nicht um Wählerstimmen“, sagte er und redete dann doch wie auf einer der vielen Wahlkampfveranstaltungen, mit denen er in den letzten Wochen durch die Stadt gezogen war. „Ich bin nun mal euer Vertreter im Stadtrat. Und wenn ein Bürger zu mir kommt und sich beschwert, muß ich handeln.“
Herr Prietzel sah Emil Pillau zweifelnd an. Er konnte sich nicht vorstellen, daß irgend jemand aus dem Mietshaus oder den Siedlungshäuschen sich um Rat an Emil Pillau gewandt hatte.
In diesem Moment ging die Ladentür auf und ein Mädchen kam herein. Als hätten sie sich verabredet, schwiegen alle Erwachsenen. Wie Verschwörer, dachte Herr Prietzel.

Eine Spende zur Einweihung

Das Mädchen hatte halblange, schwarze Haare und war nicht älter als zehn Jahre. Sie mußte sich an Herrn Prietzel vorbeidrängen. Dabei lachte sie ihn so offen an, daß er unwillkürlich zurücklächelte.
„Frau Krüschen“, rief sie, als sie vorm Tresen stand, „heute ist so eine Hitze. Wir brauchen Eis.“
Lene Krüschen beugte sich vor. „Guten Tag, Nalan“, sagte sie freundlich. „Was für ein Eis möchtest du denn?“
Das Mädchen zeigte auf die Reklametafel, auf der die verschiedenen Eissorten abgebildet waren. „Das hier!“ sagte sie, „zehnmal.“
„So viele seid ihr?“ fragte Lene Krüschen. Sie holte das Eis aus der Tiefkühltruhe.

„Ja", antwortete Nalan. „Wir sind alle auf dem neuen Spielplatz. Da drüben um die Ecke. An der Hauptstraße."
Die Erwachsenen schwiegen noch immer. Außer Lene Krüschen. Sie wickelte das Eis in altes Zeitungspapier. „Damit es nicht schmilzt, bis du dort bist", sagte sie. Nalan ließ das Geld aus ihrer Hand in den kleinen Plastikteller auf dem Tresen fallen. Lene Krüschen sammelte es ein.
„Zehn Pfennig fehlen", sagte sie. Nalan sah sie mit ihren großen dunklen Augen an. Sie zögerte. Da drückte Lene Krüschen ihr das Eis-Paket in die Hand und blinzelte ihr zu. „Ist schon gut", sagte sie lächelnd, „eine kleine Spende zur Einweihung." Nalan bedankte sich, hielt das Eis-Paket hoch über ihren Kopf und lief hüpfend aus dem Laden.
Hennie Pusch fand als erste die Sprache wieder. „Das hätte ich nicht von dir gedacht, Lene", sagte sie zu Lene Krüschen, „daß du uns so in den Rücken fällst!"
Lene Krüschen lächelte etwas hilflos. „Es sind doch Kinder", sagte sie.
Herr Prietzel nahm sie in Schutz. „Wir können sowieso nichts ändern", sagte er, „die Kinder haben den Platz längst in Besitz genommen."

Ein Strich durch Herrn Prietzels Namen

Emil Pillau stellte sich breitbeinig vorm Verkaufstresen auf und grinste überlegen. Dann zog er ein zusammengefaltetes Blatt Papier aus der Innentasche seines Jacketts. „Hier ist die Lösung!" verkündete er und wedelte mit dem Papier in der Luft herum. Er knallte es auf den Tresen, schlug zur

Bekräftigung noch mal mit der Handfläche darauf und sagte: „Das ist eine Unterschriftenliste. Die meisten Nachbarn haben schon unterschrieben."
Neugierig beugten sich alle über das Schriftstück. „Wir wollen unsere Ruhe – das Guss-Grundstück darf kein Spielplatz werden", war mit Schreibmaschine oben auf das Blatt geschrieben und doppelt unterstrichen.
Emil Pillau hatte weit übertrieben. Ganze drei Unterschriften hatte er erst gesammelt. Jetzt legte er auffordernd einen Kugelschreiber auf die Liste.
Herr Prietzel fühlte sich unbehaglich. Dagegen sein ist eine Sache. Aber sofort dagegen protestieren? Schriftlich? Den anderen schien es ähnlich zu ergehen.
„Wo ist denn deine Unterschrift, Emil?" fragte Hennie Pusch unvermittelt. In der Tat, der Name Emil Pillau fehlte auf der Liste. Dabei wohnte er doch im selben Haus, ein Stockwerk unter Hennie Pusch.
„Meine Unterschrift?" Emil Pillau schien einen Moment lang verlegen. „Naja, ihr wißt schon", sagte er dann lachend, und seine Stimme nahm wieder den alten, überlegenen Klang an, „der Bürgermeister ist ein Parteifreund von mir. Unterschreiben kann ich nicht. Ich setze mich für meine Mitbürger ein – das reicht."
Hennie Pusch ließ nicht locker. „Du bist doch in diesem Fall selbst betroffen", sagte sie. „Der Kinderlärm ist direkt vor deinem Fenster." Doch Emil Pillau wollte sich nicht festlegen lassen.
„Wenn du den Bürgermeister so gut kennst, dann erklär mir mal, warum er das Grundstück so großzügig zum Spielplatz ausbauen will", forderte Herr Prietzel ihn auf.
„Und alles, ohne uns zu fragen", ergänzte Frau Wacker.

Emil Pillau setzte sein breitestes Wahlversammlungs-Lächeln auf. „Der Bürgermeister wollte sich kinderfreundlich zeigen“, sagte er. „Ihr versteht schon. So kurz vor der Wahl.“ Emil Pillau klappte zuversichtlich die Augenlider zu und nickte ein paarmal mit dem Kopf. „Aber ihr könnt euch auf mich verlassen. Ich red mit ihm!“
Hennie Pusch unterschrieb als erste, dann Frau Wacker. Nun war die Reihe an Herrn Prietzel. Er stellte seine Einkaufstasche auf den Boden, nahm den Kugelschreiber in die Hand und schrieb mit steilen Buchstaben „Rudi“ auf die vorgegebene Linie. Dann setzte er beim großen „P“ an. Doch plötzlich warf er den Kugelschreiber hin, nahm seine Tasche und wendete sich zum Gehen.
„Ich muß mir das alles noch mal durch den Kopf gehen lassen“, murmelte er.
An der Ladentür machte er kehrt. Er ließ sich noch einmal den Kugelschreiber geben und strich sorgfältig das „Rudi P“ wieder durch. Dann legte er das abgezählte Geld für den Einkauf auf den Tresen und verließ grußlos den Laden.

2. Kapitel

Buschbohnen im Korb und ein Schrei im Ohr

„Kuno!" rief Rudi Prietzel schon zum drittenmal. „Komm, Kuno, komm!" lockte er. Aber Kuno ließ sich nicht blicken. Wahrscheinlich hat er sich irgendwo vor dem Lärm verkrochen, dachte Rudi Prietzel.

Nach dem Mittag waren noch mehr Kinder auf das Grundstück nebenan gekommen. Auch einige größere, die mit ihren Fahrrädern Slalom um ein paar Blechfässer fuhren. Manchmal stießen sie absichtlich gegen ein Faß, sodaß es mit Donnergetöse gegen ein zweites Faß kippte oder ein Stück auf dem steinigen Untergrund rollte.

Rudi Prietzel zog schnaubend die Luft ein. Sein gewohntes Nachmittags–Nickerchen hatte er erst gar nicht versucht. Bei jedem Kinderkreischen hätte er sich erneut geärgert. Mißmutig machte er sich stattdessen an die Gartenarbeit. Die Buschbohnen hätten längst geerntet werden müssen. Rudi Prietzel bückte sich und begann, die langen, grünen Bohnen zu pflücken. Einige waren schon so dick, daß sie aufsprangen und die weißen Bohnenkerne herausfielen.

Es war eine anstrengende Arbeit. Rudi Prietzel wischte sich den Schweiß von der Stirn. Er schob den Korb ein Stück weiter und nahm sich den nächsten Busch vor. Heute abend würde er die Bohnen einkochen müssen. Keine verlockende Aussicht. Vor allem das Putzen und Kleinbrechen der Bohnen verabscheute Rudi Prietzel. Es ging ihm

einfach nicht von der Hand. Guste hatte das ganz flink gekonnt. Ihre Finger waren nur so zwischen dem Erntekorb und der Küchenschüssel hin- und hergeflogen. An jeder Bohne ein Schnitt oben, ein Schnitt unten, den Faden abgezogen, durchbrechen, fertig.
Lustlos brachte Rudi Prietzel den vollen Korb in die Küche. Guste hätte jetzt den Kaffee fertig gehabt. Sie hätte sich zu ihm gesetzt und ihm etwas erzählt. Vielleicht hätte sie auch schon mit dem Bohnenputzen begonnen. Oder sie hätte gar nichts gesagt oder getan, sondern wär einfach nur da gewesen.
Rudi Prietzel machte eine heftige Kopfbewegung, als wollte er die Erinnerung abschütteln. „Hätte", murmelte er, „wäre." Gedankenverloren blickte er auf das Foto seiner Frau. Seit zwei Jahren stand Gustes Foto auf dem Küchenschrank, gleich neben dem Brotkasten.
In diesem Augenblick ertönte ein ohrenbetäubender Schrei. Rudi Prietzel zuckte zusammen. Er lief aus der Küche, über den Gartenweg bis an den Zaun. Auf dem Grundstück standen ein paar größere Jungen um einen kleineren herum. Sie lachten und hielten einen Fußball in die Höhe. Einen schwarz-weißen. Aus Leder. Rudi Prietzel kannte den Ball. Er kannte auch den kleinen Jungen. Das war der Strubbelkopf von heute morgen.
„Gib mir den Ball zurück!" schrie der Strubbelkopf. Der Große dachte nicht daran. Es machte ihm Spaß, Strubbelkopf den Ball immer abwechselnd nah unter die Nase und hoch über den Kopf zu halten.
Jetzt schrie Strubbelkopf. Genau wie eben. Markerschütternd. Und dann ging alles blitzschnell. Noch während er schrie, boxte Strubbelkopf dem Großen in den Bauch. Der

Große krümmte sich. Strubbelkopf schnappte sich den Ball. Dann rannte er davon. Unwillkürlich mußte Rudi Prietzel schmunzeln.

Sevimli kedi

Am späten Nachmittag war Kuno immer noch nicht wieder aufgetaucht. Soviel Rudi Prietzel auch rief, mit der Zunge schnalzte und mit dem Futternapf klapperte, Kuno kam nicht. Rudi Prietzel suchte das Haus und den Garten ab. Er sah an sämtlichen Lieblingsplätzen nach. Hinterm Schuppen. Auf dem Brennholzstapel. In der Kuhle neben dem Komposthaufen. Kein Kuno.
„Kuno!" rief Rudi Prietzel. Wenn die Kinder nebenan nur nicht so laut wären, dann könnte er hören, ob es irgendwo miaute. Vom Mietshaus her brüllte jemand: „Ruhe!" Nach einer Weile noch einmal: „Ruhe!" Das klang nach Paul Manzak. Rudi Prietzel hielt mit der linken Hand die Zweige des Holunderbusches zur Seite, damit er bessere Sicht auf das Grundstück und auf das Haus hatte. Er beugte sich über den Gartenzaun.
Da sah er Kuno.
Langgestreckt, alle Viere von sich, so lag er am Boden. Der Kopf war leicht nach hinten gebogen. Seine Schnurrhaare vibrierten vor Behaglichkeit. Eine kleine, etwas schmutzige Hand streichelte seinen Bauch, fuhr zärtlich über den Kopf, den Rücken entlang bis zum Schwanz.
Die Hand gehörte einem Mädchen mit halblangen schwarzen Haaren und großen dunklen Augen. Rudi Prietzel hatte

das Mädchen schon einmal gesehen. Heute vormittag bei Lene Krüschen. Sie hatte Eis geholt. Sie war eines von den Kindern, die ihn in seiner Ruhe störten. Und jetzt kniete sie hier unterm Holunderbusch. Unter Rudi Prietzels Holunderbusch. Und sie streichelte Kuno. Rudi Prietzels Kuno.
„Kuno", sagte Rudi Prietzel leise und fühlte sich plötzlich sehr allein. Etwas lauter sagte er: „Was machst du da?"
Statt einer Antwort beugte sich das Mädchen ganz nah zu Kuno. Sie schmiegte ihre Wange an ihn und lächelte. Ihr Haar war noch eine Spur dunkler als Kunos Fell.
„Laß das!" sagte Rudi Prietzel unwirsch. Das Mädchen sah ihn erstaunt an, dann flüsterte sie: „Sevimli kedi."
„Was sagst du da?" fragte Rudi Prietzel. Am liebsten hätte er Kuno auf den Arm genommen und weggetragen. Aber er konnte nicht so weit über den Zaun langen.
„Ich hab gesagt: Sevimli kedi. Das ist türkisch und heißt liebe Katze", erklärte das Mädchen.
„So", murmelte Rudi Prietzel, „türkisch." Ihm fiel wieder ein, daß Lene Krüschen das Mädchen mit Namen genannt hatte. So ein Singsangwort war es gewesen. Lalla oder Nalla oder so ähnlich.
„In der Türkei hatte ich auch eine Katze", sagte das Mädchen und kraulte Kuno am Hals, „hier hab ich keine. Leider."
Kuno ließ sich alles gefallen. Sogar die Kehle durfte das Mädchen berühren, ohne daß er kratzte wie sonst, wenn jemand Fremdes ihn anfaßte.
Rudi Prietzel streckte die Hand aus und hielt sie Kuno hin. Bedächtig hob Kuno den Kopf, erhob sich langsam und schnupperte kurz an der Hand. Er setzte die Vorderpfoten weit vor sich, schob seinen Po und den aufgerichteten

Schwanz in die Höhe, dehnte und streckte sich ausgiebig und gähnte. Dann sprang er mit einem Satz auf den Pfosten des Gartenzauns.
Das Mädchen lachte. „Wie heißt deine Katze?“ fragte sie und streichelte vorsichtig Kunos Rücken. Kuno schien es zu genießen. Er stupste seine Nase gegen ihren Arm. Da wurde es Rudi Prietzel zu viel. Mit einer heftigen Bewegung nahm er Kuno auf den Arm. „Das ist Kuno“, sagte er. Mehr aus Höflichkeit als aus Interesse fragte er: „Und wer bist du?“
„Kuno“, wiederholte das Mädchen und versuchte, mit langgestrecktem Arm Kuno noch einmal zu streicheln. Rudi Prietzel trat einen Schritt zurück. Das Mädchen ließ den Arm sinken und sagte: „Ich heiße Nalan. Darf ich Kuno mal besuchen?“
Kuno besuchen? dachte Rudi Prietzel. „Nein“, sagte er sofort. Kuno besuchen, das hieße ja, mich besuchen, dachte er. Das fehlte mir noch. Das Haus voller Kinder. „Nein!“ sagte er nochmal und schüttelte den Kopf. Er drückte Kuno an sich. Dann trug er ihn ins Haus.

Wer soll das alles essen?

Das Bohnenputzen war nicht halb so schlimm, wie Rudi Prietzel befürchtet hatte. Spaß machte es ihm trotzdem nicht. „Vorräte“, murmelte er verächtlich vor sich hin, als er in den Keller ging, um das Thermometer für den großen Einkochtopf zu holen, „Vorräte.“ Kuno lief ihm nach. Er sprang in die Kartoffelkiste.

„Guck dir das an", sagte Rudi Prietzel und betrachtete die Vorratsgläser voller Erdbeeren, Kirschen, Karotten und Bohnen.
Auf allen Gläsern klebten Etiketten mit Jahreszahlen. Die meisten stammten aus dem letzten und dem vorletzten Jahr. Da hatte Rudi Prietzel Obst und Gemüse eingekocht, als wäre nicht nur er selbst, sondern eine ganze Familie zu versorgen. Er wollte alles so machen, wie Guste es immer gemacht hatte. Vielleicht, daß er dann nicht merkte, wie allein er ohne sie war.
Aber er hatte es doch gemerkt. Jeden Mittag war er daran erinnert worden, wenn er überlegte, was er für sich kochen sollte. Wenn er das Glas mit den Bohnen oder den kleinen Karottenwürfeln doch nicht öffnete, weil es viel zu viel für eine einzelne Person war, wurde ihm jedesmal neu bewußt, daß er nun allein war.
„Wer soll das bloß alles essen?" fragte Rudi Prietzel und gab sich gleich selbst die Antwort: „Ich nicht." Er nahm das Thermometer aus dem Regal. „Kuno", sagte er, „dies sind die letzten Bohnen, die ich einmache. Die letzten!" Kuno scharrte und kratzte wie wild in einer Ecke der Kartoffelkiste. Er machte sich nichts aus Obst und Gemüse. Und außerdem hatte Rudi Prietzel zur Erdbeerzeit schon das gleiche angekündigt.
Kuno gab das Kratzen in der Kiste auf. Er sprang heraus und begann dasselbe Spiel nun zwischen Wand und Kiste. Er ließ sich auch nicht davon abbringen, als Rudi Prietzel die Treppe hochstieg und in der Küche hantierte.
Die Ränder der gefüllten Gläser mußten sorgfältig trokkengewischt werden. Rudi Prietzel legte bei jedem Glas einen Gummiring in die Rille und drückte den Deckel

obendrauf. Dabei sprach er unentwegt vor sich hin. „Ich bin doch kein Hamster", sagte er. „Für wen soll ich denn Vorräte anlegen." Er zündete das Gas unter dem Einkochtopf an. „Für wen mach ich mir die ganze Mühe?"
Rudi Prietzel setzte sich auf den Küchenstuhl und sah in die gelblichblaue Gasflamme. Ihm war, als hörte er plötzlich Gustes Lachen. „Hör auf, dich zu ärgern", hörte er sie sagen, „jammere nicht. Das nützt überhaupt nichts. Wenn dir etwas nicht paßt, mußt du es ändern. Du selbst." Echt Guste. So hatte sie es stets gehalten. Guste hatte immer gewußt, was zu tun war. Rudi Prietzel seufzte.

Eine Maus zum Abendessen

Nicht jammern, dachte er, ändern. Das hörte sich so leicht an. Als könnte er einfach aufhören, Bohnen einzukochen und Kirschen zu entsaften. Als könnte er einfach den Spielplatz wegzaubern.
„Ach Guste", sagte Rudi Prietzel laut. Er seufzte noch einmal. „Ich kann doch nichts daran ändern, daß die Kinder nebenan Krach machen." Er beugte sich vor und drehte die Flamme kleiner. „Soll ich ihnen etwa ein Pflaster auf den Mund kleben?" murmelte er. „Soll ich sie wegjagen?" Rudi Prietzel schüttelte den Kopf. Das ist keine Lösung, dachte er. Schließlich hat der Bürgermeister persönlich das Grundstück zum Spielplatz erklärt.
Was der schon davon kennt! Warum können die Kinder nicht woanders spielen? Hinten am Bach zum Beispiel. Oder im Park. Ist da nicht sogar eine Sandkiste? Und eine

Schaukel? Es wäre doch gelacht, wenn sich in ganz Kiesheim kein besserer Platz zum Spielen fände, als ausgerechnet auf einem Abbruch-Grundstück. Als ausgerechnet neben Rudi Prietzels Haus.
Rudi Prietzel erhob sich schwerfällig und begann, den Tisch abzuwischen. Mitten in der Bewegung hielt er plötzlich inne. Dann nickte er, als wollte er seinen eigenen Gedanken bestätigen. „Genau", sagte er, „Kuno, ich hab es." Daß er nicht früher darauf gekommen war!
Er selbst mußte sich auf die Suche machen. Er selbst mußte etwas finden, wo die Kinder spielen konnten. Ohne andere Leute zu stören. „Kuno", sagte Rudi Prietzel, „gleich morgen früh geh ich los." Er blickte sich suchend um. „Kuno?" fragte er. „Wo bist du, Kuno?"
Hinter der Kellertür erhob sich ein lautes Miauen. „Hab ich dich ausgesperrt?" fragte Rudi Prietzel. Das Miauen wurde lauter. Keineswegs klagend, sondern eher siegesbewußt. Rudi Prietzel kannte diesen Ton. „Hast du etwa ...", sagte er und öffnete die Tür zum Keller. Weiter kam er nicht. Kuno schoß durch den Türspalt und flitzte unter den Küchentisch. Dort legte er seine Beute ab. Mausgrau und mausetot.
Voller Jagdstolz blickte Kuno Rudi Prietzel an. Bitteschön, dein Abendessen, hieß dieser Blick. „Danke, danke", sagte Rudi Prietzel lächelnd. „Ich eß aber lieber Brot mit Käse." Er faßte die tote Maus am Schwanz und warf sie auf die Terrasse. „Guten Appetit!" rief er dem hinterherstürzenden Kuno nach.

Am nächsten Morgen ging Rudi Prietzel zuerst zu Lene Krüschen. Er kaufte eine Zeitung und ein halbes Pfund Kaffee. Lene Krüschen lächelte wie immer. „Ich hab Bohnen im Angebot", sagte sie, „knackig frisch."
Rudi Prietzel winkte ab. „Das soll wohl ein Witz sein, Lene." Er schüttelte den Kopf. „Bohnen!"
Lene Krüschen brauchte einen Moment, bis sie verstand, was er meinte. Doch dann schlug sie sich gegen die Stirn. Natürlich. Rudi Prietzel war sein eigener Gemüselieferant. Sein Garten war einer der letzten, in denen so nützliche Dinge wie Obst und Gemüse angebaut wurden. In den meisten anderen wuchsen fast nur Blumen und Sträucher. Zum größten Teil bestanden sie jedoch aus Rasen. Der mußte zwar auch gepflegt werden, machte aber nicht annähernd so viel Arbeit wie das Umgraben, Säen, Pflanzen, Unkrautjäten und Ernten in Rudi Prietzels Garten.
„Und Bohnenkraut?" fragte Lene Krüschen weiter. „Hast du denn Bohnenkraut zu deinen Bohnen?" Rudi Prietzel schmunzelte und ließ sich ein paar Stengel des würzigen Krauts einpacken. Die Kräuter waren immer Gustes Aufgabe gewesen. Doch nun gab es kein Kräuterbeet mehr in seinem Garten.
„Was ißt du denn dazu?" Lene Krüschen ließ nicht locker.
„Wozu?" fragte Rudi Prietzel.
„Na, zu den Bohnen", sagte Lene Krüschen. „Du kannst doch nicht nur Bohnen essen." Sie sah Rudi Prietzel erwartungsvoll an, er sah ebenso erwartungsvoll zurück. Dann begannen beide gleichzeitig zu lachen.
„Also sag schon, was du vorschlägst!" sagte Rudi Prietzel.

Lene Krüschen beugte sich weit vor und langte in die Kühltruhe mit den Wurstwaren. „Das hier“, sagte sie dann und hielt eine riesige Speckseite hoch.
Rudi Prietzel nickte. „Speckbohnen“, sagte er zustimmend, „keine schlechte Idee.“
„Hast du schon mal erlebt, daß meine Mittags-Ideen schlecht waren?“ Lene Krüschen schnitt eine dicke Scheibe Speck ab und wickelte sie in Pergamentpapier. Ihre fettigen Finger wischte sie an der Kittelschürze ab, bevor sie den Preis in die Kasse tippte.
„Du kannst dir natürlich auch noch ein Spiegelei braten“, sagte sie. Rudi Prietzel blickte sie fragend an. „Na, zu den Speckbohnen und den Kartoffeln“, sagte Lene Krüschen auffordernd. „Die Eier sind ganz frisch.“ Rudi Prietzel konnte sich ein Lächeln nicht verkneifen. „Du bist vielleicht geschäftstüchtig“, sagte er. „Ach was, geschäftstüchtig“, sagte Lene Krüschen und begann, sechs Eier in eine Kartonpackung zu zählen. „Mit dir kann ich doch keine Geschäfte machen.“ Sie klappte den Deckel zu und stellte die Packung auf den Tresen.
„Ich brauch keine Eier“, sagte Rudi Prietzel energisch. Er ging zum Regal und griff nach einem Paket Makkaroni.
Lene Krüschen tat beleidigt. „Siehst du“, sagte sie, „nicht mal ein kleines Eier-Geschäft gönnst du mir.“
Rudi Prietzel legte die Makkaroni und noch ein Döschen Tomatenmark auf den Tresen. „Stimmt nicht“, sagte er dann, „erst gestern hab ich sechs Eier bei dir gekauft. Und warum?“ Er machte eine bedeutungsvolle Pause.
Lene Krüschen dachte nach. Dann fiel es ihr wieder ein. „Die Senfeier!“ rief sie. „Ich hab dir neulich empfohlen, Eier mit Senfsoße zu essen.“

Rudi Prietzel nickte. Dann verstaute er die Makkaroni und die anderen Sachen in seiner Einkaufstasche und stellte sie hinter den Tresen. „Das hol ich nachher ab“, sagte er. „Ich hab noch was wichtiges vor.“
Lene Krüschen hütete sich, neugierige Fragen zu stellen. Sie mußte ohnehin nur ein paar Sekunden warten, bis Rudi Prietzel ihr seinen Plan von allein erzählte.
„Ich will einen anderen Platz für die Kinder finden“, sagte er, „irgendwo in Kiesheim.“ Er ging zur Ladentür. „Einen schönen Platz. Und dann soll Emil Pillau dafür sorgen, daß die Stadt ihn für die Kinder herrichtet.“ Rudi Prietzel drehte sich zu Lene Krüschen um. „Jammern nützt nichts, Lene“, sagte er. Und dann ziemlich leise, wie zu sich selbst: „Ändern müssen wir. Ändern.“

Eine schwierige Suche

Rudi Prietzel verließ den Laden und machte sich auf den Weg. Als erstes ging er zum Spielplatz an der Hangstraße. Das war der einzige Platz, an den er sich noch erinnerte. Mehr als vierzig Jahre war es her, daß er mit seiner kleinen Moni dort zum Schaukeln und Rutschen hingegangen war.
Man mußte ein paar Stufen hinabsteigen, um zu dem etwas tiefer gelegenen Platz zu gelangen. Rudi Prietzel sah sich um. Viel hatte sich nicht verändert. Schaukel, Rutsche und ein kleines Klettergerät standen wie eh und je an derselben Stelle. Allerdings war das Schaukelbrett aus Hartgummi anstatt aus Holz wie früher. Die Rutsche war weniger steil und der Rand etwas höher. Auch die Bäume und Büsche

sahen anders aus. Natürlich, sie waren gewachsen in all den Jahren. Hinter dem Ahorn stand ein kleiner Junge und pinkelte an den dicken Stamm.

In der Sandkiste spielten mindestens fünfzehn Kinder. Sie füllten Sand in Eimer und Plastikförmchen oder schoben Spielzeugautos hin und her. Auf den Bänken rundherum saßen Mütter und ein Vater. Manchmal lief eine Mutter zu ihrem Kind und putzte ihm den Sand aus den Haaren. Ab und zu rannte ein Kind schreiend zu seiner Mutter, weil ihm ein anderes Kind etwas weggenommen hatte. Oder um sich trösten zu lassen, wenn es hingefallen war. Rudi Prietzel drehte sich um. Hier brauchte er nicht weiter zu suchen. Hier war kein Platz für größere Kinder.

Rudi Prietzel ging auf die Straße zurück und weiter in Richtung Schule. An der Ampel überquerte er die Hauptstraße, auf der sich stinkend und lärmend der Durchgangsverkehr durch Kiesheim schob. Kiesheim lag zwischen einem Autobahnanschluß und einem Gewerbegebiet mit vielen Fabriken, Lagerhallen und Bürohäusern. Es war eine kleine Stadt am Rande einer Großstadt. Viele, die in der Großstadt arbeiteten, wohnten in Kiesheim. Überall schossen neue Wohnhäuser aus dem Boden. Fast alle Grünflächen waren in den letzten Jahren zugebaut worden.

Rudi Prietzel machte vor der Schule Halt. Der Platz, den er suchte, mußte viel freie Fläche haben, überlegte er. Denn die Kinder, die jetzt neben seinem Haus spielten, wollten mit ihren Fahrrädern herumkurven, sie wollten bolzen und kicken und rennen und toben. Vielleicht wäre der Schulhof geeignet. Der Schulhof war immer das Vorzeigestück von Kiesheim gewesen.

Auf ihm wuchsen in schnurgeraden Reihen Platanen. Schöne, schattenspendende Platanen mit einem sorgfältig und kunstvoll geschnittenen Blätterdach. Rudi Prietzel rüttelte an dem Metalltor, durch das man auf den Schulhof und in die Schule gelangte. Das Tor ließ sich nicht öffnen. Genaugenommen war es auch gar nicht mehr nötig. Rudi Prietzel hatte schon genug gesehen. Das war nicht mehr der Schulhof, an den er sich erinnerte. Auf dem seine Tochter Moni kleine Löcher fürs Murmelspiel in den Pausen gekratzt hatte, auf dem schon er als Kind herumgelaufen war. Dieser Schulhof war asphaltiert. Zugepflastert vom Tor bis zum Schulgebäude. Vom rechten Zaun bis zum linken Zaun. Nur die Stämme der Platanen hatte man ausgespart. Rudi Prietzel rüttelte noch einmal an den Eisenstäben des Tores, als wollte er sich davon abstoßen. Dann wendete er sich ab.

Ein Kopf rollt

Gerade, als Rudi Prietzel weitergehen wollte, zupfte ihn jemand am Hemd. „Hallo", sagte Nalan hinter ihm. Sie streckte ihm fröhlich die Hand entgegen. „Was willst du in der Schule?" fragte sie. Rudi Prietzel murmelte irgendetwas Unverständliches und ging weiter. Nalan ging neben ihm her. Sie schleppte eine offenbar ziemlich schwere Plastiktüte.

„Jetzt sind Ferien", sagte sie. „In den Ferien ist die Schule zu."

„Hm", machte Rudi Prietzel.

„Der Schulhof auch", plapperte Nalan weiter. Sie wechselte

die Tüte in die andere Hand und zog die Schulter hoch, damit die Tüte nicht auf dem Boden schleifte.
„So", sagte Rudi Prietzel.
„Auf den Schulhof darf überhaupt niemand", sagte Nalan. „Überhaupt nie." Sie setzte die Tüte ab. „Überhaupt nur, wenn Schule ist", sagte sie.
„Aha", sagte Rudi Prietzel.
„Aber jetzt ist keine Schule", sagte Nalan und nahm die Tüte wieder auf. Rudi Prietzel sagte nichts. Hoffentlich ließ ihn dieses Mädchen bald in Ruhe. Auf keinen Fall wollte er sich jetzt unterhalten. Rudi Prietzel mußte schließlich nachdenken. Über den Platz neben seinem Haus, auf dem nur Dreck und Gerümpel war, auf dem die Kinder die Anwohner störten. Und über den Schulhof, der zwar nicht gerade schön, aber immerhin groß war. Auf ihm würden spielende Kinder niemanden stören.
Ohne es wirklich zu wollen, fragte er Nalan: „Dürft ihr tatsächlich nie auf den Schulhof? Auch nicht, wenn keine Ferien sind?"
Nalan blieb stehen. „Nein", sagte sie und stellte die Plastiktüte zwischen ihre Beine, „nur morgens. Nur in den Pausen." Nalan schüttelte ihre traglahmen Arme und ließ abwechselnd beide Schultern kreisen.
„So ein Blödsinn", brummte Rudi Prietzel, der ebenfalls stehengeblieben war.
„Mittags wird das Tor abgeschlossen", sagte Nalan und steckte eine Hand durch die Griffe der Tüte.
„So ein Quatsch", sagte Rudi Prietzel.
Nalan grinste. „Ich weiß aber, wie man trotzdem reinkommt!" Sie hob die schwere Tüte und mußte sich dabei ganz schräg zur Seite beugen. „Soll ich dir zeigen, wo?"

fragte sie gespannt. Aber Rudi Prietzel kam nicht dazu, eine Antwort zu geben. Er konnte nur noch blitzschnell seinen Fuß vor einen Kohlkopf stellen, der auf die Straße zu rollen drohte.

Der Kohlkopf gehörte zu Nalans Einkäufen. Er gehörte in die Plastiktüte, die sie die ganze Zeit geschleppt hatte. Und die jetzt umgekippt auf dem Fußweg lag. Mit ausgerissenen Griffen. Mit herausgekullerten Joghurtbechern, einer Dose Öl und einem Stück Deoseife, lieblich–elegant.

„Mist!“ schimpfte Nalan. Sie begann, die verstreuten Sachen einzusammeln. Dabei sah sie abwechselnd wütend und unglücklich aus, so daß Rudi Prietzel nicht anders konnte, er mußte ihr helfen. Er hielt die Tüte auf, und Nalan stopfte alles wieder hinein, so gut es ging. Nur für den Kohlkopf war kein Platz mehr. Ratlos hielt Nalan ihn in den Händen. Wie sollte sie jetzt das ganze Zeug nach Hause schaffen? Wie sollte sie überhaupt eine so schwere Tüte ohne Griffe tragen?

Rudi Prietzel seufzte ein bißchen, dann packte er die Tüte am ausgefransten Rand und setzte sie sich vorsichtig in die Armbeuge. „Den Kohl trägst du“, sagte er knapp. „Wo wohnst du?“

Dankbar sah Nalan ihn an. Sie zeigte auf die Tankstelle, es war nicht weit. „Da arbeiten meine Eltern“, sagte sie, „die Wohnung ist gleich daneben.“

Ein Lolli für Rudi Prietzel

Nalan ging vorneweg, Rudi Prietzel hinterher. Die Sonne brannte von einem wolkenlosen Himmel. Schatten gab es

auf dieser Straßenseite nicht einen Zentimeter breit. Rudi Prietzel schwitzte. Die Einkaufstüte war wirklich ziemlich schwer.
„Mama!“ rief Nalan jetzt. Den Kohlkopf schwenkend, rannte sie zur Tankstelle, direkt auf eine Zapfsäule zu. Hinter der aufgeklappten Motorhaube eines Autos tauchte das lächelnde Gesicht einer jungen Frau auf. Sie war unglaublich zierlich und hatte noch größere Augen als Nalan. In der linken Hand hielt sie einen Putzlappen, in der rechten einen Ölkanister.
„Hallo“, sagte sie.
Rudi Prietzel nickte. „Guten Tag“, sagte er und stand ein wenig unbeholfen mit der Tüte auf dem Arm neben dem Auto. „Die Tüte ist kaputt gerissen“, sagte er. Irgendwie mußte er schließlich erklären, warum er hier war.
„Oh“, sagte Nalans Mutter nur, dann schien sie zu verstehen. Ihr Lächeln wurde noch freundlicher. „Vielen Dank!“ sagte sie und schob mit dem Handrücken eine Strähne ihres dunklen Haars aus der Stirn.
Nalan hatte inzwischen den Kohl in den Kassenraum gebracht. Jetzt zog sie Rudi Prietzel mit sich. „Du kannst die Tüte hierhin stellen“, sagte sie. Dann griff sie in einen durchsichtigen Plastikbehälter mit kleinen roten Fruchtlutschern. Sie nahm zwei Stück heraus.
Rudi Prietzel war froh, endlich die Tüte los zu sein. Auch wollte er endlich seinen Gang fortsetzen. Den Park und die Gegend um den Bach mußte er noch ansehen. Oder besser, auf Kindertauglichkeit prüfen. Und dann mußte er seine Einkaufstasche von Lene Krüschen abholen. Und Essen kochen. Und saubermachen. Vielleicht. Wenn es nicht zu heiß sein würde.

Aber Rudi Prietzel ertappte sich dabei, daß er schon wieder etwas tat, was er eigentlich gar nicht wollte. Oder was er sich zumindest nie hätte vorstellen können. Jedenfalls nahm er den Lolli sofort an, den Nalan ihm hinhielt. Er schmunzelte.
Er steckte den Lolli in den Mund. Er lutschte. Er zog ihn wieder heraus, besah ihn, leckte daran. Er machte es Nalan nach, die ihren Lolli zwischen den Lippen drehte und ihn schließlich im Mund stecken ließ. Nur der kleine grüne Stiel schaute heraus.
Nalan sah ihn an. Sie lachte. Rudi Prietzel lachte auch, hauptsächlich mit seinen Augen. Ganz plötzlich legte er seinen Arm um Nalan und drückte ihre Schulter. Kurz nur.
„Schmeckt gut, nicht?" fragte Nalan.
„Ja", sagte Rudi Prietzel, „sehr gut." Er mußte aufpassen, daß ihm der Lolli nicht aus dem Mund fiel. Vorsichtshalber hielt er ihn fest, als er sagte: „Du kannst Kuno ruhig mal besuchen." Nalan nahm schnell ihren Lolli aus dem Mund. „Ehrlich?" fragte sie. Rudi Prietzel nickte. Dann ging er. Als er an den Zapfsäulen vorbei kam, winkte er ihrer Mutter zu, die jetzt bei einem Kleintransporter den Reifendruck prüfte.
„Du!" rief Nalan hinter ihm her, „wie heißt du überhaupt?"
Rudi Prietzel drehte sich kurz um. „Prietzel", rief er. Er zögerte. „Rudi", rief er. „Rudi Prietzel." Dann ging er weiter. Die Straße zurück in Richtung Schule. Er ging nicht sehr schnell bei dieser Hitze, aber doch mit leichten Schritten. Durchaus nicht wie jemand, der nächstes Jahr siebzig wird.

3. Kapitel

Ein Nickerchen mit Unterbrechung

Rudi Prietzel kochte sich keine Speckbohnen zu Mittag. Er machte auch keinen Hausputz, nicht mal einen kleinen. Es war viel zu heiß. Stattdessen rührte er sich einen Quark mit gezuckerten Sauerkirschen und hockte sich nach dem Essen in die Sofaecke.

Zuerst blätterte er noch ein wenig in der Zeitung, doch schon nach ein paar Minuten sank sein Kopf auf die Brust. Rudi Prietzel kippte gegen die Seitenlehne des Sofas, die Zeitung raschelte zu Boden. Rudi Prietzel schlief. Manchmal gab er leise Pfeiftöne beim Atmen von sich. Dann zuckte Kuno, der in der anderen Sofaecke döste, irritiert mit den Ohren.

Durch das geöffnete Wohnzimmerfenster drangen nur vereinzelt Kinderstimmen. Zwei Flugzeuge brummten kurz nacheinander durch den Himmel. Der Verkehr auf der Hauptstraße war um diese Zeit einigermaßen erträglich. Rudi Prietzel hätte ihn auch sonst kaum wahrgenommen. An den ständigen Geräuschpegel hatte er sich längst gewöhnt.

Doch die nachmittägliche Ruhe währte nicht lange. Mindestens fünfzehn Kinder gleichzeitig stürmten auf den Platz nebenan. Sie stießen wilde Schreie aus, wie Tarzan im Urwald. Sie heulten wie Indianer. Sie johlten und trommelten übermütig auf den Blechfässern. Rudi Prietzel

schreckte hoch. Er hielt sich an der Sofalehne fest und versuchte, sich den Schlaf aus dem Kopf zu schütteln. Er fuhr sich mit der Hand über den kahlen Kopf.
„Happy Birthday to you", gröhlten die Kinder. Einige sangen das Lied zu Ende, die meisten lachten und riefen durcheinander.
Jemand hat Geburtstag, reimte sich Rudi Prietzel zusammen. Jemand ist mit seiner ganzen Geburtstagsgesellschaft zum Toben gekommen.
Es dauerte keine zwei Minuten, bis zu den Kinderstimmen andere hinzukamen. „Ruhe!" brüllte jemand aus dem Mietshaus. „Verflixte Gören!" und „Verschwindet endlich!" Das waren Paul Manzak und Hennie Pusch. Rudi Prietzel horchte. „Könnt ihr nicht mal etwas leiser sein!" hörte er jetzt. Unverkennbar Frau Wacker. Die anderen Nachbarn sagten sowieso nie etwas, jedenfalls nicht laut. Emil Pillau schon gar nicht. Der würde sich hüten, offen etwas gegen die Kinder oder sonst jemanden zu sagen. Deshalb hatte er ja auch den Aufruf gegen den Spielplatz nicht unterschrieben. Wenn es schief ging, oder die Stimmung umschlug, konnte er sich immer noch herausreden. Emil Pillau, der Mauschler.
Verächtlich zog Rudi Prietzel die Luft durch die Nase. Er schloß das Fenster, machte auch die Terrassentür in der Küche zu und ging aus dem Haus.

Ein Bett aus Beton und kein einziger Floh

Rudi Prietzel ging durch den ganzen Ort. Durch die Straßen, die er kannte. In den kleinen Park, den er kannte. Am

Bach entlang, den er kannte. Und doch war diesmal alles anders. Nicht die Straßen und der Park und der Bach. Die hatten sich nicht verändert seit gestern. Auch nicht seit vorgestern.
Oder doch? Je länger Rudi Prietzel herumging und sich umsah, desto nachdenklicher wurde er. Vielleicht hatte sich doch etwas verändert? Seit vorvorgestern vielleicht? Seit er mit seiner kleinen Tochter Moni hier herumgelaufen war, vor vierzig Jahren?
Oder schon seit vorvorvorgestern? Seit er selbst als kleiner Junge Wasserflöhe im Bach gefangen hatte, vor sechzig Jahren?
Rudi Prietzel stieß mit dem Fuß gegen ein Stöckchen. Es fiel von der steinernen Uferbefestigung in den Bach. Dann trieb es davon, hinweg über Konservendosen, Glasscherben und anderen Unrat. Rudi Prietzel konnte es lange mit den Augen verfolgen. Keine Pflanze, kein ins Wasser ragender Zweig hielt es auf. Ohne Krümmung floß der Bach dahin. Schnurgerade. In einem Bett aus Beton. Begleitet wurde er von einem Spazierweg, ebenso gerade, ebenso steinern.
Rudi Prietzel setzte sich auf eine der Bänke, die in regelmäßigen Abständen am Weg aufgestellt waren. Er zog ein großes, blaues Taschentuch aus der Hosentasche und wischte sich damit über die Stirn.
Natürlich hatte sich im Laufe der Zeit vieles verändert. Der Park war erst durch die vielen Häuser, die irgendwann drumherum gebaut worden waren, zu einem Park geworden. Früher, ganz früher war er ein Wäldchen gewesen, mitten im Feld. Und der Bach hatte sich seinen Weg selbst gesucht. Früher war er kein Kanal gewesen, war nicht ein-

gezwängt zwischen steilen Mauern. Früher hatte er Ufer gehabt, mit Matsch und Modder, mit Buschwerk und Weiden und hier und da etwas Schilf.
Doch all diese Veränderungen waren schließlich nicht über Nacht gekommen. Vor ein paar Tagen, als Rudi Prietzel zuletzt hier spazierengegangen war, hatte der Park genauso ausgesehen wie heute. Das Schild „Betreten verboten" hatte genauso vor dem Rasen und den ziemlich heruntergekommenen Blumenrabatten gestanden. Und unter den Sträuchern hatte sich genau wie heute der Hundedreck gehäuft.
Rudi Prietzel stand auf und schob das Taschentuch in die Hosentasche zurück. Dabei fühlte er etwas Hartes in der Tasche. Etwas längliches, dünnes. Der Lollistiel. An einem Ende war er etwas klebrig. Rudi Prietzel mußte lächeln bei der Erinnerung an den roten Fruchtlutscher. Und an Nalan. Er blickte auf den verdreckten Bach. Wie sollte sie in diesem Bach Wasserflöhe fangen? Sofern es überhaupt noch welche gab. Nalan würde nicht einmal bis ans Wasser gelangen. Die Ufermauer war viel zu steil.
Während er weiterging, spielte Rudi Prietzel mit dem kleinen Lollistiel in seiner Hand. Einmal, im Winter, hatte der Bach die Wiese überschwemmt. Nachts hatte es gefroren, und sie konnten tagelang Schlittschuh laufen. Mitten auf der Wiese. Rudi Prietzel lächelte bei der Erinnerung.
Und einmal war Moni von dem kleinen Steg abgerutscht und in den Bach gefallen. Viel Wasser hatte der Bach nicht gehabt, nur Modder. Bis zum Bauch hatte sie dringesteckt. Rudi Prietzel lachte kurz auf, als er sich an Gustes Schimpfen erinnerte. Im Sommer war es gewesen, so um dieselbe Zeit wie jetzt.

Er blieb stehen und sah auf das Wasser, das träge in seinem Betonbett dahinfloß. Dieser Bach würde nicht über die Ufer treten. Hier bestand keine Gefahr, im Modder zu versinken. Keine Aussicht auf Wasserflöhe, Froschlaich, Stichlinge. Keine Möglichkeit zum Buddeln und Bauen von Gräben und Staudämmen.
Kein Platz zum Spielen.
Kein Platz für Kinder.
Abrupt drehte Rudi Prietzel sich um und ging denselben Weg zurück, den er gekommen war.
Was ihm heute alles anders erscheinen ließ, war plötzlich einfach zu erklären, fand Rudi Prietzel. Er selbst hatte anders geguckt, von Anfang an. Als hätte er andere Augen im Kopf. Kinderaugen.
Rudi Prietzel steckte den Lollistiel in die Hosentasche. Nicht in die mit dem Taschentuch, sondern in die leere. Sonst könnte er ihn womöglich aus Versehen mit herausziehen und verlieren.

Wie riecht der Neuanfang?

„Kuno“, sagte Rudi Prietzel nach dem Abendessen, „so viel wie heute bin ich lange nicht mehr unterwegs gewesen.“ Er stellte Kuno frisches Wasser und einen Teller voll Katzenfutter auf die Terrasse. „Und gleich muß ich schon wieder los“, sagte er. „Heute Abend ist Chorprobe.“ Liebevoll kraulte er Kuno zwischen den Ohren.
Chorprobe war einmal in der Woche. Jeden Mittwoch Abend. Die Chorprobe hatte Rudi Prietzel noch nie versäumt. Jedenfalls fast nie. Höchstens vier- oder fünfmal in

all den Jahren, seit er zur „Harmonie“ gehörte. Vor ein paar Jahren hatte er die silberne Ehrennadel für fünfundzwanzig Jahre Mitgliedschaft bekommen. Zusammen mit Paul Manzak. In ein paar Monaten war die Reihe an Emil Pillau. Seine fünfundzwanzig Jahre waren allerdings ziemlich durchlöchert.

Denn Emil Pillau kam nur, wenn etwas Besonderes bevorstand. Ein öffentlicher Auftritt etwa oder eine gemeinsame Reise. Bei den Weihnachtsfeiern war er auch immer dabei. Regelmäßig. Und regelmäßig brachte er dann eine Geldspende von der Guss AG für die Vereinskasse mit. Emil Pillau genoß den anerkennenden Beifall der „Harmonie“-Sänger, als handelte es sich um sein eigenes Geld. Er genoß auch die Dankbarkeit der Vereinsmitglieder, wenn er ihnen vor den Gemeindewahlen Grüße und eine Menge Versprechungen von Bürgermeister Drücker vorlas.

Wahrscheinlich ist Emil heute mit von der Partie, dachte Rudi Prietzel. Denn jetzt war Wahlkampf. Rudi Prietzel schloß die Haustür ab und ging an den Siedlungshäuschen vorbei, die sich an seines anreihten.

Eins sah wie das andere aus. Zwei Stufen bis zur Eingangstür, darüber ein hölzernes Vordach mit kleinen, braunschwarzen Dachziegeln. An dem schmalen Fenster daneben konnte man ablesen, wer im jeweiligen Haus wohnte: Wenn Kinder dabei waren, saß ein Kuscheltier auf der Fensterbank, wie bei Koslowskis. Bei Bonettos hing eine ausgeschnittene Papierkatze am Fensterkreuz, und bei Turacis war ein selbstgemaltes Bild an die Scheibe geklebt.

Hinter den Fenstern der anderen Häuser standen Kakteen oder Grünlilien oder üppige Alpenveilchen. Dort wohnten Krauses, Feldmanns, Rosenthals und Klingelhafers. Die

Alten. Die vor vierzig Jahren die Siedlung mit gegründet hatten wie Rudi Prietzel.
In eins der Häuser waren vor kurzem junge Leute eingezogen. Bei ihnen waren weder Spielsachen, noch Pflanzen, noch Gardinen im Fenster, sondern Farbtöpfe und ein Putzeimer. Im Vorbeigehen hörte Rudi Prietzel Stimmen und Radiomusik.
Der Geruch von Lack und Pinselreiniger zog ihm in die Nase. Er blieb stehen. Der Farbgeruch erinnerte ihn an ausgeräumte Zimmer, an frisch gestrichene Wände und glänzend lackierte Türen. Rudi Prietzel schnupperte.
So roch es, das herrliche Gefühl des Neuanfangs, wenn der renovierte Raum endlich wieder bewohnbar war. Einen Moment lang durchzuckte ihn der Wunsch, sein Haus auch neu zu streichen. Wenigstens die Küche und das Wohnzimmer. Und vielleicht noch den Flur. Damit zu seinem siebzigsten Geburtstag alles etwas freundlicher aussah. Doch mit einer entschlossenen Handbewegung fuhr Rudi Prietzel sich über den Kopf. So als wollte er diese Gedanken wegwischen. Oder auch nur, um die nicht vorhandenen Haare herunterzudrücken.
Lohnt sich nicht mehr, dachte Rudi Prietzel. Dann bog er in die Rathausstraße ein.

Ein Loblied auf den Luxus-Brunnen

Die Rathausstraße war zum größten Teil Fußgängerzone. Hier wohnte fast niemand, hier wurde nur eingekauft. Kleine und große Läden wechselten sich mit Gaststätten

und einigen Supermärkten ab. Es gab ein Hotel, zwei Apotheken und das große Kaufhaus. G & G prangte in Riesenbuchstaben über jedem der drei Eingänge.
Das eine G stand für Georg, den Vater, das andere G für Georg, den Sohn. Georg und Georg Guss. Die Guss-Familie besaß nicht nur die Chemie-Fabrik mit mehreren Niederlassungen, sondern auch noch das Kaufhaus. Außerdem gehörte ihr eine der beiden Apotheken in der Rathausstraße. Durch Einheirat und Ankauf hatte sie ihren Besitz von Generation zu Generation vergrößert. Auf dem Ortsschild an der Stadtgrenze hatte neulich jemand „Kies" durchgestrichen und mit schwarzer Farbe „Guss" darübergemalt. Gussheim statt Kiesheim. Rudi Prietzel hatte davon in der Zeitung gelesen.
„Rudi!" tönte jetzt plötzlich eine Stimme hinter ihm. „Du bist ja ziemlich spät dran", sagte die Stimme, etwas nuschelig wie immer. Sie lachte dröhnend und dann spürte Rudi Prietzel auch schon den unvermeidlichen Schlag auf die Schulter wie immer. Ohne sich umzudrehen sagte er: „Tag, Emil."
Rudi Prietzel und Emil Pillau betraten die „Schöne Müllerin" gemeinsam. Zielstrebig gingen sie durch die nur spärlich besetzte Gaststube nach hinten. Dort, im großen Veranstaltungssaal, warteten schon Paul Manzak und Lene Krüschen und die anderen vom Chor. Einundzwanzig Frauen und fünfzehn Männer. Und natürlich Hennie Pusch, die Chorleiterin.
„Na, endlich!" sagte Hennie Pusch ein wenig tadelnd. Sie wippte vor Ungeduld auf ihren Füßen und hielt einen Stapel Notenblätter hoch. „Es gibt Arbeit, Leute", sagte sie. „Wir haben einen Auftritt."

Emil Pillau lächelte gönnerhaft. Er wußte schon wieder alles. Nicht nur, daß die „Harmonie“ zur Einweihung des neuen Brunnens singen sollte, sondern auch, daß Georg Guss persönlich den Vorschlag gemacht hatte. „Er fördert uns, wo er kann“, sagte Emil Pillau und nickte wohlwollend.

„So, so“, rief Paul Manzak mit seiner unüberhörbaren Stimme aus der hintersten Reihe. „Und was sollen wir für ihn tun? Sein Loblied singen?“ Paul Manzak lachte. Emil Pillau schwieg.

Hennie Pusch schüttelte unwillig den Kopf und sagte: „Wir sollen der Einweihungsfeier einen würdigen kulturellen Rahmen geben.“

Einige der Chormitglieder lächelten geschmeichelt, andere lachten über die gestelzte Ausdrucksweise. Rudi Prietzel fragte: „Was hat der Guss überhaupt mit dem Brunnen zu tun? Ich dachte, die Stadt läßt den Brunnen bauen?“ Zwar war der Standort des Brunnens unmittelbar vor dem Haupteingang des G & G-Kaufhauses. Rudi Prietzel hatte die Baustelle vorhin von weitem gesehen. Aber die Straße war schließlich öffentlicher Grund und nicht Privatbesitz der Guss-Familie.

„Der will doch nur den Verkauf in seinem eignen Haus ankurbeln“, sagte Lene Krüschen.

„Genau!“ rief Paul Manzak. „Und zwar auf Kosten der Stadt. Eine Viertel Million kostet dieser Luxus.“

Emil Pillau lächelte nervös. „Georg Guss hat eine größere Summe Geld dazu gegeben“, nuschelte er. Und außerdem, fand er, sei der Brunnen ja auch für alle da. Lene Krüschen fand, sie könne auf den Brunnen gern verzichten. Paul Manzak fand, man könnte das Geld woanders besser

gebrauchen. Rudi Prietzel fand, die Bürger hätten vorher gefragt werden müssen. Hennie Pusch fand, sie sollten nun endlich die Brunnen–Lieder einüben.
So ging es hin und her und her und hin. Dann wurde endlich gesungen. Achtunddreißigfach erklang „Am Brunnen vor dem Tore". Und später „Kein schöner Land in dieser Zeit". Aber irgendwie klappte es heute nicht mit dem gemeinsamen Gesang. Die meisten wollten lieber reden statt singen. Über den Brunnen. Über Georg Guss. Aber auch über den ungewollten Kinderspielplatz.
Etwas genervt gab Hennie Pusch nach. „Schluß für heute", sagte sie. Rudi Prietzel half ihr beim Einsammeln der Notenblätter.

Was der Bürgermeister alles tut

In der Gaststube drängelten sich die meisten vorm Tresen. Sie redeten und tranken und lachten. Rudi Prietzel stellte sich zu ihnen. Jemand gab ihm ein Bier aus. „Du hast am meisten zu leiden", sagte er und prostete Rudi Prietzel zu. „Ich hab gehört, die Krachmacher waren schon bei dir im Garten."
Rudi Prietzel lächelte nur kurz und zuckte mit den Schultern. Es war so laut um ihn herum. Und die Luft war so schlecht. So viel Zigarettenrauch und so viele Menschen. Rudi Prietzel mußte sich unbedingt setzen. Der Wirt hatte zwar alle Fenster aufgesperrt, aber das brachte nicht viel. Denn auch draußen war es noch immer ziemlich warm. Rudi Prietzel strich über seinen Kopf. Suchend blickte er

sich um. Alle Stühle waren besetzt. Nur auf den Bänken bestand noch die Möglichkeit zusammenzurücken. Paul Manzak winkte Rudi Prietzel zu sich. Er rutschte näher an seinen Nachbarn heran und Rudi Prietzel quetschte sich neben ihn.

„Na, das trifft sich gut", dröhnte es ihm entgegen. „Gut, daß du dazukommst!"

Rudi Prietzel blickte auf. Er sah direkt in Emil Pillaus feistes Gesicht. Auch das noch, dachte er.

„Ich wollte gerade von meinem Gespräch mit dem Bürgermeister berichten", sagte Emil Pillau und biß in eine Frikadelle. Rudi Prietzel blieb nichts anderes übrig, als zuzuhören. Auch die anderen am Tisch unterbrachen ihre Gespräche.

Erwartungsvoll sahen sie Emil Pillau an. Doch der aß erst mal seelenruhig weiter. Dann sagte er kauend und noch nuscheliger als sonst: „Es wird schwierig werden. So einfach läßt sich die Entscheidung für den Spielplatz nicht rückgängig machen. Der Bürgermeister hat schließlich auch ein Herz für Kinder." Einige lachten.

„Sprüche!" sagte Paul Manzak verächtlich. Emil Pillau wischte sich einen Fleischkrümel aus dem Mundwinkel. „Trotzdem hat der Bürgermeister auch Verständnis für die Sorgen der Anwohner gezeigt", fuhr er fort.

Er hob seine Stimme und dann seinen Zeigefinger. Emil Pillau war in seinem Element. Er unterhielt sich nicht mehr, er hielt eine Ansprache. Von Untersuchungen und Überlegungen war die Rede, von Ansichten und Absichten, von Prüfung und Planung, vom Abwägen und Erwägen, aber auch vom Dagegenhalten. Der Bürgermeister wolle alles be- und durch- und überdenken. Emil Pillau

breitete seinen ganzen Wahlwortschatz aus. Er beantwortete Fragen, die keiner gestellt hatte. Aber die wichtigste Frage beantwortete er nicht, nämlich die nach dem Spielplatz.
„Bleibt er oder bleibt er nicht?“ fragte Rudi Prietzel.
Emil Pillau lachte ein unangenehmes Lachen. „Es braucht seine Zeit“, sagte er dann. Und dann, um abzulenken: „Was meint ihr, ein Bier trinken wir doch noch?“
Rudi Prietzel zögerte. Paul Manzak und Lene Krüschen machten sich auf den Heimweg, die meisten anderen auch. Aber für Rudi Prietzel gehörte zur Chorprobe der gemütliche Ausklang in der Kneipe. Ein paar Glas Bier in Gesellschaft, einmal in der Woche. Das wollte er sich von Emil Pillaus Gewäsch nicht verderben lassen. Rudi Prietzel blieb.

Ein Schurkenstück und ein Bombengeschäft

Rudi Prietzel trank ein Bier, dann noch eins und noch ein letztes. „Jetzt geh ich“, sagte er dann und zahlte. Emil Pillau tat es ihm nach. Schweigend gingen die beiden nebeneinander her. Es ließ sich nicht vermeiden.
Emil Pillau schwankte leicht, denn er hatte sicher doppelt so viele Biere getrunken wie Rudi Prietzel. Als sie von der Rathausstraße abbogen, legte Emil Pillau unvermittelt seine Hand auf Rudi Prietzels Schulter.
„Ich muß dir was erzählen“, sagte er. „Unbedingt! Ich dürfte es zwar nicht, aber ich tu’s trotzdem.“ Er faßte Rudi Prietzel am Hemdärmel, hielt den rechten Zeigefinger

hoch und nuschelte: „Es ist nicht zu glauben!" Dann kicherte er. „Der Schorsch ist ein echter Schurke", sagte er. „Ich mein den Georg, den Georg Guss, du weißt schon."
Rudi Prietzel sah ihn mißtrauisch von der Seite an.
„Das Geschäft seines Lebens hat der gemacht", sagte Emil Pillau. Er schüttelte den Kopf und lachte dabei. „Mit dem Grundstück neben deinem Haus, du weißt schon."
Jetzt horchte Rudi Prietzel auf. Er wußte, daß das Grundstück der Guss-Familie gehört hatte. Jahrzehntelang hatte die Guss AG dort ein Chemiewerk betrieben. Was dort hergestellt oder bearbeitet wurde, wußte niemand so genau. Nur daß es irgendetwas mit Batterien zu tun hatte.
„Was für ein Geschäft meinst du?" fragte Rudi Prietzel.
Jetzt faßte er Emil Pillau am Arm. Er erinnerte sich. In dem Zeitungsartikel gestern hatte gestanden, daß das Grundstück mittlerweile der Stadt gehörte. Obwohl doch jeder nur vom Guss-Grundstück sprach.
Emil Pillau trat einen Schritt zurück. „Ein Bombengeschäft!" rief er. Seine Schultern hoben und senkten sich, so schüttelte es ihn vor Lachen. Dann stellte er sich ganz nah vor Rudi Prietzel, beugte sich etwas vor, als sollte niemand mithören und flüsterte: „Der Georg Guss hat die Stadt reingelegt. Die Stadt wollte das Grundstück unbedingt haben. Um Wohnhäuser drauf zu bauen, wegen der Wahl, du weißt schon." Emil Pillau machte eine bedeutungsvolle Pause.
„Jeden Preis konnte der Guss fordern", sagte er. „Hat er auch getan. Und die Stadt hat gezahlt. Eine Wahnsinns-Summe!"
Rudi Prietzel hielt seinen Kopf etwas schief. Er mochte Emil Pillaus Gesicht nicht so nah an seinem haben, vor

allem den Atem nicht. Emil Pillaus Atem roch nach Bier. Beim Sprechen spuckte er manchmal, auch beim Flüstern. Warum flüsterte er überhaupt? Was war so geheimnisvoll daran, daß Georg Guss der Stadt sein Grundstück verkauft hatte?

„Darauf kannst du Gift nehmen!"

„Paß auf!" flüsterte Emil Pillau. „Jetzt kommt's!" Er umklammerte Rudi Prietzels Arm. „Es können überhaupt keine Wohnhäuser auf dem Grundstück gebaut werden. Wenn man den Boden untersuchen würde ..." Weiter sprach er nicht, schüttelte nur den Kopf mit blödem Grinsen.

„Und?" fragte Rudi Prietzel. „Was dann?"

Emil Pillaus Mund war jetzt unmittelbar vor Rudi Prietzels Ohr. „Dann findet man Gift. Quecksilber. Metertief im Boden. Alles voll. Keinem anderen hätte der Guss so ein verseuchtes Gelände andrehen können", flüsterte Emil Pillau.

Rudi Prietzel starrte Emil Pillau an.

Emil Pillau hörte auf zu flüstern. „Das sind Schlitzohren, was?" rief er und in seiner Stimme schwang so etwas wie Bewunderung mit. Er knuffte Rudi Prietzel ein paarmal gegen die Brust. „Verstehst du jetzt, warum die Sache mit dem Spielplatz so schwierig ist? Wenn er bleibt, wächst Gras drüber. Wenn er wegkommt, taucht doch sofort die Frage auf, wann dort endlich Wohnungen gebaut werden. Und dann ..." Wieder sprach Emil Pillau den Satz nicht

zuende. Er zog die Seitenkante seiner ausgestreckten Hand langsam vor seiner Gurgel entlang.
„Kopf ab!“ rief er und begann zu lachen. Nicht sehr laut, aber so, daß sein ganzer Körper sich dabei bewegte. Rudi Prietzel war noch immer sprachlos. Er hatte zwar gehört, was Emil Pillau gesagt hatte. Doch das Gehörte ergab keinen Sinn. Lauter einzelne Wörter irrten in seinem Kopf umher. Sein Kopf weigerte sich, die Wörter zusammenzusetzen. Er wollte nicht glauben, was Emil Pillau gesagt hatte. Quecksilber im Boden? Rudi Prietzel zwang sich, diesen Satz noch einmal zu denken.
„Woher weißt du das?“ fragte er scharf. Voller Abscheu blickte er Emil Pillau an, der Mühe hatte, gerade zu stehen. Haltsuchend griff er nach Rudi Prietzels Arm.
„Pssst!“ machte Emil Pillau und legte den Finger seiner anderen Hand auf die Lippen. „Kein Wort weiter! Das ist geheim.“ Dann zog er Rudi Prietzel wieder näher zu sich heran und flüsterte: „Vom Schorsch natürlich, vom Guss, du weißt schon. Und auch vom Bürgermeister. Als ich mit ihm über den Spielplatz geredet hab, hat er's mir gesagt. Er mußte doch erklären, warum der Spielplatz bleiben muß.“
Emil Pillau schwankte ein wenig. Vor und zurück. „Stell dir vor, was passiert, wenn der Bürgermeister zugeben muß, daß er ein paar Millionen Mark zum Fenster hinausgeschmissen hat!“
Er wiederholte die Kopf-ab-Gebärde und flüsterte weiter: „Ein paar Millionen für ein Baugrundstück, auf dem nicht gebaut werden darf.“ Emil Pillau lachte. Sein Lachen wurde immer lauter.
Rudi Prietzel schüttelte die Hand von seinem Arm, mit der Emil Pillau sich noch immer festhielt.

„Der Bürgermeister“, sagte Rudi Prietzel tonlos. „Weiß er das denn?“ fragte er. Und dann noch einmal: „Weiß der Bürgermeister das mit dem Gift?“
Emil Pillau lachte auf, laut und abstoßend. Sein Kopf nickte wild. Sein erhobener Arm fuchtelte durch die Luft wie ein Abschiedsgruß.
„Darauf kannst du Gift nehmen!“ rief er im Davongehen. Dann blieb er kurz stehen. Er lachte über den gelungenen Wortwitz. „Darauf kannst du Gift nehmen“, wiederholte er. Emil Pillau lachte erneut auf. Er lachte und lachte. Je weiter er entfernt war, desto widerlicher klang es. Rudi Prietzel hörte das Lachen noch, als Emil Pillau längst um die Ecke verschwunden war.

4. Kapitel

Ein Kater im Kopf, ein Kater am Bett

Rudi Prietzel sitzt am Brunnen und singt. Plötzlich stürzt er hinein, fällt tiefer und tiefer. Nirgends ein Halt, schier endlos sein Fall. Da findet er sich auf einer Wiese. Struppige Sträucher neben ihm, ein Pflanzkübel mit zerrupften Begonien vor ihm. Ganz hinten ein Schild „Betreten verboten". Rudi Prietzel will laufen, aber er kann sich nicht rühren. Als ob ihn jemand hält.

Schwaden von ekelerregendem Gestank bewegen sich auf ihn zu. Eine Mischung aus Lackfarbe, Bier und Benzin. Nur weg hier! Endlich bewegen sich seine Beine. Vorwärts.

Doch ein Gemäuer versperrt ihm den Weg. Ein riesiges Kanalrohr, in dem es gurgelt und rauscht. Schreit jemand um Hilfe? Nein, es ist nur das Wasser, das an der Rohrwand reißt, dagegendrückt, als müsse es sie sprengen. Ein schauerliches Geräusch.

Rudi Prietzel stöhnt. Jetzt hört er Lachen. Er dreht sich um. Es ist Nalan. Sie steht im Toreingang einer Ruine. Eine halbzerfallene Fabrikhalle. Aus einem der zerbrochenen Fenster lehnt Hennie Pusch. Sie wirft Notenblätter in die Luft. Georg Guss drängt sie beiseite. Er zerreißt die Notenblätter. Oder sind es Banknoten?

Die Schnipsel schweben zu Boden, wie Schnee. Nalan lacht vor Freude. Sie hebt ihre Arme den Papierflocken entgegen. Doch plötzlich ergießt sich eine glänzende Masse über Nalan.

Oben aus dem Torbogen fließt diese Masse wie flüssiges Silber.
„Nalan!" ruft Rudi Prietzel. Er will zu ihr laufen, stolpert, fällt hin. Er liegt am Boden, wälzt sich hin und her. Das silbrige Zeug fließt unentwegt. Es kriecht auf ihn zu.
Ein schauriges Lachen ertönt in der Ferne. Die Silbermasse begräbt Rudi Prietzel unter sich. Schwer lastet sie auf ihm. Er kriegt kaum noch Luft. Das Lachen kommt näher, wird lauter und lauter. Brüllt in sein Ohr. Rudi Prietzel reißt die Augen auf.

„Mauuu", machte Kuno klagend. Kuno saß auf Rudi Prietzels Brust. In voller Breite und Länge. Fast vier Kilo Katze.
„Verflixt!" rief Rudi Prietzel und richtete sich mit einem Ruck auf. Kuno floh erschrocken, schlich aber sofort wieder ums Bett. Er hatte Hunger. Seine Fütterzeit war längst überschritten.
Kunos Maunzen wurde immer ungeduldiger. Rudi Prietzel rieb sich die Augen. Was für ein Traum! Er faßte sich an den Kopf. Einen Brummschädel hatte er, vom Bier gestern abend und von diesem schrecklichen Gespräch mit Emil Pillau. Und vermutlich auch von dem Traum. Noch etwas wacklig stand Rudi Prietzel auf und schlurfte die Treppe hinunter.
Er gähnte. Die Sonne schien hell durchs Küchenfenster und durch die Terassentür.
„Ohhh", entfuhr es Rudi Prietzel. Schützend hielt er den Arm vor seine Augen. Viel zu viel Licht. Viel zu grell und vor allem viel zu plötzlich. Er tastete nach dem Küchenstuhl. Doch bevor er sich setzen konnte, war Kuno auf den Sitz gesprungen.

Kuno stupste seine Nase auffordernd gegen Rudi Prietzels Bein, rieb seinen Kopf daran, erhob sich auf die Hinterbeine und maunzte. Zuerst ein fragend-bettelndes „Miauu?“ Dann ein klagendes, langgezogenes „Mauuuuu“, und schließlich empörtes energisches „Mi–au!“
Langsam, ganz langsam ging Rudi Prietzel zum Küchenschrank. Langsam, ganz langsam nahm er eine Dose Katzenfutter heraus. Langsam, ganz langsam stellte er den gefüllten Napf auf den Boden. Nur keine hektischen Bewegungen. Manchmal stöhnte Rudi Prietzel und faßte sich an den Brummkopf. Kuno wurde immer ungeduldiger und aufgeregter. Er drängelte und schubste und wuselte Rudi Prietzel vor den Füßen herum. Heißhungrig stürzte er sich dann auf sein Fressen.
Rudi Prietzel ließ sich ächzend auf dem Stuhl nieder. Er stützte seinen Kopf in den Händen und murmelte: „Oje, oje.“ Noch ein tiefer Seufzer, dann hatte er sich gerappelt. Er stand auf, reckte sich ein wenig und sah auf die Uhr.
„Kuno“, sagte er, „du hättest mich ruhig früher wecken können.“

Wenigstens einer genießt den Sommertag

Kuno fraß so gierig, daß der Futtertopf auf dem Steinfußboden klapperte. „Gleich zehn Uhr“, sagte Rudi Prietzel vorwurfsvoll zu sich selbst. Normalerweise saß er um kurz vor neun Uhr schon am Frühstückstisch, fertig angezogen und rasiert. „Als ob ich nichts zu tun hab“, schimpfte Rudi

Prietzel vor sich hin, während er den Kaffeefilter auf die Kanne setzte.
Doch irgendwie ging ihm heute morgen nichts von der Hand. Rudi Prietzel lief ein paarmal ziellos vom Herd zum Schrank und vom Schrank zum Tisch und wieder zurück. Jeden Handgriff mußte er erst überlegen. Was sonst ganz automatisch ablief, war heute gestört. Nichts stimmte mehr. Alles geriet durcheinander. Am meisten Rudi Prietzel selbst.
Er vergaß, die Gasflamme unterm Wasserkessel anzuzünden. Er füllte Zucker statt Kaffeepulver in den Filter. Er stieß sich an der Tischkante. Als ihm beinahe die Untertasse aus der Hand gerutscht wäre, beschloß er, den Tag noch mal neu zu beginnen.
Zuerst waschen, rasieren, anziehen. Dann Frühstück machen und frühstücken. Irgendwie mußte die Ordnung doch wieder hergestellt werden.
Doch es funktionierte nicht. Jedenfalls nicht so, wie Rudi Prietzel es sich vorgestellt hatte. Niemand kann die Zeit zurückdrehen. Was geschehen ist, ist geschehen.
Auch wenn Rudi Prietzel zwanzig Minuten später in Hemd und Hose, ohne Bartstoppeln und ohne Schlaf in den Augen in der Küche hantierte. Auch wenn er den Zukker aus dem Kaffeefilter schüttete, zurück in den Zuckertopf, ordnungsgemäß. Auch wenn er sich bemühte, alles wie gewohnt zu tun – für Rudi Prietzel war der Morgen verdorben. Lustlos schlürfte er seinen Kaffee. Mürrisch räumte er die Küche auf. Nicht mal Kuno konnte ihn aufmuntern. Er schmeichelte und schnurrte. Aber Rudi Prietzel war nicht in Schmusestimmung.
Er war in Laß-mich-in-Ruhe-Stimmung. „Raus mit dir!“

sagte er und öffnete die Terrassentür. Kuno spazierte nach draußen. Er blinzelte in die Sonne. Er drehte und wälzte sich ein paarmal übermütig auf dem Boden. Dann streckte er sich auf den warmen Steinplatten aus und genoß den Sommertag.

Es war ein schöner Tag. Die Luft flirrte vor Hitze. Kein Wölkchen am Himmel, kein Flugzeug. Die Pompondahlien und die Ranunkeln schienen um die Wette zu leuchten. Und der Duft der Wicken und des Ginsterstrauchs überdeckten den Benzingestank, der von der Straße herüberzog.

Aber Rudi Prietzel sah das alles nicht. Er roch auch nichts. Er hörte nur. Er hörte die Kinder kreischen. Er hörte sie lachen und rufen, johlen, schreien, lärmen. Er hörte die Autos und die schweren Lastwagen, die Mopeds, die Motorräder.

„Kann man denn niemals seine Ruhe haben!“ murrte Rudi Prietzel.

Ein paar Spatzen flatterten nah an ihm vorbei. Sie setzten sich auf den Gartentisch, legten die Köpfchen schief und zwitscherten.

„Blöde Viecher“, schimpfte Rudi Prietzel. „Laßt mich doch alle in Ruhe!“ Dann scheuchte er die Spatzen fort, ging zurück in die Küche und schlug die Tür zu.

Q wie Quecksilber

Den ganzen Tag vergrub Rudi Prietzel sich in seiner Griesgramlaune. Erst am Abend verließ er das Haus. Zuerst, um

die Blumen im Garten zu gießen. Dann, um Hennie Pusch etwas zu fragen. „Du hast doch ein Lexikon", sagte er, als sie ihn in ihr Wohnzimmer führte. „Ich muß mal was nachschlagen."
Hennie Pusch hatte einen ganzen Schrank voller Bücher. Nicht gerechnet die Schulbücher, die sie früher für ihren Unterricht gebraucht hatte. Die standen in der hintersten Ecke des Kellers, gut verpackt in zwei Holzkisten. Denn mit ihnen wollte Hennie Pusch nichts mehr zu tun haben. Auch wenn sie immer gern Lehrerin gewesen war. „Ein Schornsteinfeger hängt seinen Besen schließlich auch nicht ins Zimmer, wenn er in Rente geht", pflegte sie zu sagen.
Rudi Prietzel setzte sich auf das gemütliche Sofa und blickte suchend an den Buchrücken entlang.
„Welcher Buchstabe?" fragte Hennie Pusch.
„Q", sagte Rudi Prietzel, „Q wie Quecksilber." Er lehnte sich zurück und wartete, bis Hennie Pusch den richtigen Band herausgesucht hatte.
Sie legte das dicke, abgegriffene Buch vor ihm auf den Tisch. „Bitte", sagte sie und setzte sich neben ihn. „Warum willst du etwas über Quecksilber wissen? Ist dein Fieberthermometer zerbrochen?"
Rudi Prietzel schüttelte den Kopf. „Nur mal so", sagte er so beiläufig wie möglich und fing an zu blättern. Er fingerte seine Lesebrille aus dem Etui.
„Quaddel", las er, „Qualle. Quecke. Hier! Hier steht es: Quecksilber." Rudi Prietzel fuhr mit dem Finger unter den Zeilen des klein geschriebenen Textes entlang. „Silberglänzendes Metall", las er laut. Er überflog ein paar Zeilen und las weiter: „Das einzige flüssige Metall. Verdampft schon bei Zimmertemperatur. Die Dämpfe sind hochgiftig,

ebenso die Quecksilbersalze." Rudi Prietzel atmete tief und hörbar ein. Einige Angaben las er leise für sich. Dann las er wieder laut und hob seine Stimme: „Quecksilber wird in der chemischen Industrie verwendet, als Schädlingsbekämpfungsmittel, in Thermometern, in Batterien ..." Er klappte das Buch zu, schwungvoll und laut, so daß Hennie Pusch erschrocken fragte: „Was hast du denn? Was ist los?"
Rudi Prietzel hatte genug gelesen. „Die Batterien", sagte er. „In Batterien ist Quecksilber." Rudi Prietzel stand auf und stellte sich in die geöffnete Balkontür. Von hier oben aus drem dritten Stock konnte man das Abbruch-Grundstück gut überblicken.

Verbrecher wissen was sie tun

Hennie Pusch trat neben ihn. „Klar ist in Batterien Quecksilber, jedenfalls in den meisten", sagte sie. „Aber wie kommst du auf Quecksilber und Batterien?"
Rudi Prietzel zeigte auf die ehemalige Fabrikhalle. „Kannst du dich noch daran erinnern, was auf dem Firmenschild stand?" fragte er, und gab gleich selbst die Antwort: „Batterien-Verwertung." Er überlegte einen Moment, dann fügte er hinzu: „Und irgendetwas mit Metallen. Und natürlich Guss AG."
Hennie Pusch nickte, obwohl sie noch immer nicht verstand, worauf Rudi Prietzel hinaus wollte. Wie sollte sie auch? Seit Tagen war die Rede von dem unerwünschten Spielplatz gewesen. Und jetzt fing Rudi Prietzel mit der längst aufgegebenen Guss-Fabrik an.

„Die haben dort mit dem Quecksilber aus alten Batterien gearbeitet", sagte Rudi Prietzel. „Ich hab es nicht glauben wollen, aber jetzt wird mir einiges klar." Er schüttelte den Kopf, immer noch ungläubig, fast abwehrend. Dann erzählte er Hennie Pusch von gestern nacht, von dem Gespräch mit Emil Pillau. Haarklein berichtete er, was Emil Pillau zu ihm gesagt hatte. Über die schmutzigen Geschäfte von Georg Guss und Bürgermeister Drücker. Über das verseuchte Grundstück. Über das Quecksilber.
„Sie wissen davon", sagte Rudi Prietzel und nach einer Weile noch einmal: „Sie wissen das alles, Hennie. Und trotzdem lassen sie die Kinder dort spielen."
Hennie Pusch knetete nervös ihre Finger. Sie zog die Augenbrauen zusammen und murmelte ein paar mal: „Quecksilber." Sie ging im Zimmer auf und ab, rieb ihr Kinn, knetete weiter an den Fingern herum. „Ach, was", sagte sie dann entschieden, „ich glaub das nicht." Sie blieb vor Rudi Prietzel stehen. „Emil Pillau ist ein Aufschneider. Ein Wichtigtuer. Der hat irgend etwas verkehrt verstanden. Oder er spinnt." Hennie Pusch schüttelte den Kopf, wie vorhin Rudi Prietzel. „Nein, nein", fuhr sie fort, „so eine Schweinerei trau ich denen nicht zu. Dem Bürgermeister nicht und dem Georg schon gar nicht."
Sie machte eine Pause, dann sagte sie: „Jemand, der so viel für Kunst und Kultur übrig hat, kann nicht so schäbig sein. Dann wäre er ja ein ..." Sie zögerte.
Rudi Prietzel ergänzte ihren Satz: „Verbrecher."
Erschrocken sah Hennie Pusch ihn an. „Nein, nein", wehrte sie ab, „ganz sicher nicht!"
Rudi Prietzel seufzte. Im Grunde hoffte er auch, daß alles ein Mißverständnis war. Aber wenn nicht? Rudi Prietzel

blickte Hennie Pusch zweifelnd an. Doch in ihrem Gesicht entdeckte er keinen Zweifel. Sie lächelte übertrieben beruhigend, als sie ihn zur Wohnungstür begleitete.
Rudi Prietzel zog seinen Kopf ein. Leicht vornübergebeugt stieg er die drei Stockwerke hinunter. So hilflos hatte er sich lange nicht gefühlt.

Die Kinder müssen weg

In den nächsten Tagen war viel zu tun. Rudi Prietzel hielt sich mehr im Garten als im Haus auf. Er zog die ersten dikken Zwiebeln aus der Erde und breitete sie zum Trocknen auf der Terrasse aus. Er zupfte Unkraut, schnitt die Erdbeerpflanzen zurück und erntete die letzten Kirschen.
Viel Arbeit, aber auch viel Zeit zum Nachdenken. Der einzige, mit dem Rudi Prietzel redete, war Kuno. Und der war ein guter Zuhörer. Er spitzte die Ohren. Manchmal schnurrte er, manchmal legte er den Kopf schief und sah Rudi Prietzel aufmerksam an.
„Du kannst sagen, was du willst Kuno“, sagte Rudi Prietzel, während er im Zwiebelbeet kniete, „aber da ist was faul nebenan.“ Kuno hörte zu und schwieg. Rudi Prietzel drückte seinen Zeigefinger in die Erde und befühlte eine Zwiebel. Wenn sie noch nicht dick genug war, ließ er sie stecken. Die dicken zog er heraus und warf sie in den Korb.
„Kuno“, fing er wieder an, „kannst du mir mal sagen, warum Emil Pillau gesponnen haben soll?“ Kuno gab keinen Ton von sich. Er fuhr sich nur einmal kurz mit der Pfote übers Maul. „Kannst du nicht!“ bestätigte Rudi Prietzel

sich selbst. „Weil es nämlich keinen Grund gibt. Weil er die Wahrheit gesagt hat." Rudi Prietzel wischte die Erdkrümel von einer besonders großen Zwiebel.
Immer wieder waren ihm diese Gedanken durch den Kopf gegangen. Und immer wieder war er zu demselben Schluß gekommen. Sicher, Emil Pillau wollte sich aufspielen. Er wollte damit angeben, was er für Geheimnisse kannte. Aber an seinen Informationen war nicht zu zweifeln. Die hatten auch früher stets gestimmt.
„Kuno", sagte Rudi Prietzel wieder, „weißt du, was das bedeutet?" Kuno wußte es. Jedenfalls hatte er es in den letzten Tagen schon mindestens fünfmal gehört. So oft hatte Rudi Prietzel es wiederholt: „Die Kinder müssen weg."
Eigentlich war das gar nichts Neues. Rudi Prietzel hatte ja von Anfang an gewollt, daß die Kinder vom Grundstück nebenan verschwinden. Weil er seine Ruhe haben wollte. Weil er keinen Kinderlärm wollte.
„Die Kinder müssen weg!" Rudi Prietzel stützte sich mit den Händen am Boden ab, um besser hoch zu kommen. Ächzend richtete er sich auf. Er schaute auf das Nachbargrundstück. Hinten beim Kirschbaum versperrten keine Büsche den Blick.
„Boris!" rief eine Kinderstimme. „Wo hast du dich versteckt?" Von irgendwoher kam eine Antwort. Ein paar größere Jungen bolzten lautstark um einen Fußball. Rudi Prietzel sah ihnen zu. Zwei Tonnen bildeten das Tor. „Schieß doch!" brüllte ein langer Blonder. Sein Freund schoß. Mitten aus dem Gerangel. Mit einer gekonnten seitlichen Beinbewegung. Der Ball traf die rechte Tonne, prallte schräg ab, gegen die linke Tonne, rollte über die Linie.

„Tor!“ rief Rudi Prietzel. Dann drehte er sich rasch zur Seite, als wäre er bei etwas Schlimmem ertappt worden. „So, so“, murmelte er vor sich hin. Es klang fast ein wenig erstaunt.

Eine Tonne mit Totenkopf

Das Triumphgeheul der siegreichen Fußballer wurde ergänzt durch lautes Trommeln auf den Fässern. Doch Rudi Prietzel regte sich nicht auf. Dumpf dröhnten die Schläge über den Platz. Auch die Rufe nach Boris waren jetzt wieder zu hören. Doch Rudi Prietzel störte das nicht.
Lärm. Kinderlärm. Wie nebensächlich das plötzlich geworden war. Rudi Prietzel hob den Korb mit den Zwiebeln auf. Er schnaubte durch die Nase, zog die Luft hörbar ein, ein paarmal hintereinander. Aber das beklemmende Gefühl wich nicht von seiner Brust.
Das Gift im Boden hatte sich in Rudi Prietzels Kopf breitgemacht. Seit er davon wußte, bestimmte es seine Gedanken. Wie ein Schatten lag es auf allem, was er tat. „Die Kinder müssen weg“, sagte er, „es ist viel zu gefährlich.“
Vorsichtig ging er mit dem Korb am Arm den schmalen Weg zwischen den Beeten entlang. Kuno erhob sich gähnend von seinem sonnigen Ruheplatz und trottete hinter ihm her. „Krank können sie werden“, sagte Rudi Prietzel. Er blieb stehen und drehte sich zu Kuno um. „Bloß, weil sie da drüben spielen. Bloß, weil sie atmen.“
In diesem Moment ließ ihn ein scheußlich knirschendes Geräusch zusammenfahren. Es setzte aus. Jetzt knirschte es wieder. „Rudi!“ schrie eine helle Stimme. Rudi Prietzel

stellte den Zwiebelkorb auf die Terrasse und ging an den Gartenzaun.
„Rudi, guck mal!“ rief die Stimme wieder. Hieß eins der Kinder Rudi? Oder war er gemeint? Rudi Prietzel steckte seinen Kopf durch die Holunderzweige und beugte sich vor. „Guck mal, was wir machen!“ rief Nalan. Sie stemmte sich mit ihrem ganzen Körper gegen eine liegende Blechtonne. Sie drückte und schob. Die Tonne bewegte sich vorwärts. Rollte knirschend über den Boden, mal über Betonplatten, mal über Sand. Das machte dieses unangenehme Geräusch.
Doch nicht nur das allein, sondern es lärmte auch im Innern der Tonne. Jemand hämmerte gegen das Blech, fröhliches Gejohle war zu hören. Jetzt tauchte ein wuscheliger Haarschopf in der Öffnung auf.
„Hallo!“ rief Strubbelkopf und winkte Rudi Prietzel zu.
Nalan setzte sich rittlings auf die Tonne. „Boris hat sich hier drin versteckt“, sagte sie und lachte. Sie klopfte mit ihren Füßen von außen gegen das Blech. „Und ich hab ihn umgekippt und weggerollt.“
Sie sprang herunter, baute sich vor der Öffnung auf und rief: „Jetzt bin ich mal dran. Komm raus!“ Boris krabbelte langsam aus der Tonne. An seiner Hose, am Hemd, an den Knien, an den Armen waren bräunliche Flecken. Auch seine Hände waren schmutzig.
Rudi Prietzel sah von Boris zu Nalan, von Nalan zu Boris. Sein Blick blieb an einer Aufschrift auf der Tonne hängen. Die Buchstaben waren nicht mehr vollständig. Trotzdem bestand kein Zweifel, wie das Wort hieß: „Vorsicht“. Darunter konnte man noch die Reste des Giftzeichens erkennen. Ein Totenkopf mit zwei gekreuzten Knochen.

„Geh sofort nach Hause“, hörte Rudi Prietzel sich sagen, „zieh dir andre Sachen an und wasch dich!“ Er erkannte seine eigne Stimme nicht, so scharf klang sie. Nalan guckte ihn erschrocken an. „Du gehst da nicht rein“, sagte Rudi Prietzel, „auf keinen Fall!“ Dabei zeigte er auf die Tonne. „Am besten geht ihr alle weg“, sagte er. „Am besten kommt ihr nie wieder.“

Kinderhasser

Boris versuchte, den Schmutz von seinen Kleidern abzuklopfen. Er wollte etwas sagen, doch jemand anders kam ihm zuvor. „Sie haben uns gar nichts zu befehlen“, sagte ein Mädchen mit einer hohen, lispelnden Stimme. Lispelstimme. Das Mädchen, das neulich bei Rudi Prietzel im Garten gewesen war. Sie blitzte ihn mit ihren grünen Augen an. Inzwischen war sie von mindestens zehn Kindern umringt. Zu ihnen gewandt, sagte Lispelstimme: „Der ist auch gegen uns. Genau wie dieser Pillau.“
Rudi Prietzel hob abwehrend die Hand. Mit Emil Pillau wollte er wahrlich nicht in einen Topf geworfen werden. Aber er kam nicht zum Reden.
„Kinderhasser!“ zischte Lispelstimme.
Einige Kinder fielen ein: „Kinderhasser.“ Sie standen nur ein paar Meter von Rudi Prietzel entfernt. Nur der Zaun war zwischen ihnen, ein niedriger, etwas morscher Lattenzaun. Keine Hürde. Auch nicht für einen alten Mann. Schon gar nicht für jemanden, der etwas erklären muß, der vor einer Gefahr warnen will. Doch Rudi Prietzel blieb in

seinem Garten. Er schwieg. Das Wort hatte ihn getroffen. Kinderhasser.
Lispelstimme flüsterte jetzt mit den Kindern. Sie begannen zu kichern, dann liefen sie davon.
Nalan lief nicht mit. Sie hatte beide Hände auf den dicken Zaunpfosten gelegt und sah Rudi Prietzel mit ihren dunklen Augen unsicher an. Dann schwang sie kurzentschlossen ein Bein über den Zaun. Sie tastete mit dem Fuß nach dem Boden und zog das zweite Bein hinterher. Dabei verhakte sich ihr Schuh zwischen den Latten. Sie kriegte ihn nicht los, soviel sie auch zerrte.
Rudi Prietzel half ihr. „Kann ich Kuno jetzt besuchen?" fragte Nalan, während er ihren eingeklemmten Fuß befreite. Er antwortete nicht, grummelte nur irgend etwas Unverständliches. „Ja?" fragte Nalan drängelnd. Sie hielt sich an ihm fest, auch als sie längst wieder mit beiden Beinen auf der Erde stand.
Rudi Prietzel sagte nicht ja und nicht nein, aber er schickte sie auch nicht weg.
Mit vorsichtigen Schritten ging Nalan vor ihm her. Sie wollte Kuno nicht erschrecken. Kuno lag auf der Terrasse neben dem Zwiebelkorb und sonnte sich. Nalan hielt ihm ihre Hand unter die Nase. Er schnupperte kurz, dann streckte er sich in seiner ganzen Länge aus und drehte ihr auffordernd seinen Bauch zu. Nalan streichelte ihn. Sie schmiegte ihre Wange an sein warmes Fell und rieb sie daran. Kuno schnurrte.

Hat die blöde Kuh recht?

Nalan drückte ihre Nase gegen Kunos Bauch. Ganz unvermittelt sagte sie dann: „Anna Marie ist eine blöde Kuh."
„So", sagte Rudi Prietzel. Er hatte sich auf den Gartenstuhl gesetzt. „Wer ist Anna Marie?"
Nalan legte sich bäuchlings zu Kuno auf den Terrassenboden. „Anna Marie ist das Mädchen von vorhin", sagte sie.
Rudi Prietzel verschränkte die Arme vor der Brust und blickte über die Büsche und Beete in seinem Garten, irgendwohin, weit weg. So konnte er am besten nachdenken. „Aha", sagte er abwesend.
Seine Gedanken waren ganz woanders. Sie kreisten um die Tonne mit dem Giftzeichen und sprangen immer wieder zu dem einen Wort. Kinderhasser.
„Anna Marie ist die lange Dünne. Die gesagt hat, daß du ein Kinderhasser bist", sagte Nalan.
„Ach!" entfuhr es Rudi Prietzel. Er legte seine Hände auf die Armlehnen des Gartenstuhls und beugte sich zu Nalan vor. Jetzt hörte er zu.
„Sie ist blöd", wiederholte Nalan. Rudi Prietzel lehnte sich wieder zurück.
„Eigentlich hat sie doch recht", sagte er nachdenklich. Nalan schüttelte den Kopf, aber Rudi Prietzel fuhr fort: „Wenn mich jemand wegjagen will, würde ich wahrscheinlich auch denken, daß er mich haßt."
Nalan richtete sich auf. Sie setzte sich neben Kuno und schlang die Arme um ihre angezogenen Knie. „Willst du uns denn wegjagen?" fragte sie.
Rudi Prietzel zog die Luft durch die Nase, zweimal, dreimal. Vor ein paar Tagen noch wäre es leicht gewesen zu

antworten. Ja, hätte er gesagt, ja, ich will, daß ihr verschwindet. Damit ich meine Ruhe hab.
Heute würde er gern „nein" sagen. Nein, ihr stört mich nicht. Jedenfalls nicht sehr. Aber das konnte er nicht sagen, weil es ja jetzt einen anderen Grund gab, warum die Kinder verschwinden sollten. Außerdem war es ganz unwichtig, was er selbst fand. Wichtig war nur, die Kinder von dem verseuchten Grundstück fernzuhalten. Wie auch immer. Ausweichend sagte er: „Da drüben liegt so viel Gerümpel. Wer weiß, was mal in den Fässern war. Spiel besser nicht damit!"
Nalan stellte sich neben ihn. „Es war nur Wasser drin", sagte sie. „Es hat in die Fässer hineingeregnet. Aber wir haben das Wasser ausgekippt." Sie stieß ihr Knie gegen Rudi Prietzels Bein. „Hast du was zu Trinken für mich?" fragte sie dann, „Limo vielleicht?"
Rudi Prietzel hatte keine Limo. Er hatte nur Kirschsaft. Genau siebzehn Flaschen vom letzten Jahr und vom vorletzten und vom vorvorletzten. Rudi Prietzel holte eine Flasche aus dem Keller, wischte sie sauber und goß zwei Gläser randvoll. Kirschsaft hatte er lange nicht mehr getrunken.

5. Kapitel

Wer ist zuständig?

Rudi Prietzels Hand zitterte, als er die Telefonnummer der Stadtverwaltung wählte. Er war aufgeregt. Das Freizeichen ertönte. Rudi Prietzel schnaubte schnell noch einmal durch die Nase. Er telefonierte nicht gern, aber diesmal mußte es sein.
„Stadtverwaltung Kiesheim", sagte eine Frau am anderen Ende der Leitung.
„Ja", sagte Rudi Prietzel stockend, „ja, hier ist Prietzel, Rudi Prietzel. Ich wollte etwas mitteilen ..."
Die Frauenstimme unterbrach ihn. „Wen möchten Sie sprechen?"
Rudi Prietzel wußte nicht, wen er sprechen wollte. Er kannte ja niemanden in der Stadtverwaltung.
„Welches Amt?" fragte die Telefonstimme ungeduldig.
Rudi Prietzel schwitzte. Welches Amt, welches Amt – woher sollte er das wissen? „Es geht um das Grundstück", stotterte er, „um das Grundstück und den Spielplatz ..."
„Für Spielplätze ist das Gartenamt zuständig", sagte die Stimme geschäftsmäßig, „ich verbinde."
Der Mitarbeiter im Gartenamt fiel Rudi Prietzel schon nach dem ersten Satz ins Wort. „Sie meinen das städtische Grundstück an der Kiesheimer Hauptstraße? Da müssen Sie sich ans Liegenschaftsamt wenden. Moment, ich gebe zurück zur Zentrale!" Weg war er.

Rudi Prietzel landete wieder in der Telefonzentrale. „Stadtverwaltung Kiesheim“, schnarrte dieselbe Frauenstimme wie vorher. Diesmal wußte Rudi Prietzel Bescheid: „Das Liegenschaftsamt, bitte“, sagte er. Aber im Liegenschaftsamt meldete sich niemand. „Tut mir leid“, sagte die Frau in der Zentrale.
Rudi Prietzel gab sich einen Ruck. „Ich muß aber unbedingt mit jemandem sprechen“, sagte er, „es ist zu gefährlich für die Kinder.“
„Ach, es geht um Kinder?“ fragte die Frau in der Zentrale nach, „für die ist das Jugendamt zuständig. Augenblick, ich verbinde.“
Bevor Rudi Prietzel etwas erwidern konnte, ertönte schon das Rufzeichen. Eine freundliche Frauenstimme meldete sich. Sie hörte sich geduldig an, worum es Rudi Prietzel ging. Manchmal machte sie zwischen durch „Hmm“. Am Schluß sagte sie: „Wenn ich ehrlich bin, muß ich Ihnen sagen, daß ich die ganze Geschichte für unwahrscheinlich halte.“ Sie klang immer noch sehr freundlich, auch als sie Rudi Prietzel nach seiner genauen Adresse fragte. „Das ist also direkt neben dem fraglichen Grundstück“, sagte die Frau betont langsam. Sie machte eine Pause und sagte dann mit plötzlicher Schärfe: „Ich finde es schäbig, daß Sie auf diese Weise versuchen, die Kinder zu vertreiben!“
Rudi Prietzel wollte protestieren, aber sie redete weiter: „Ich weiß, daß es eine Unterschriftenliste gegen den Spielplatz gibt. Reicht Ihnen das nicht? Müssen Sie auch noch dieses Märchen auftischen?“ Sie brach das Gespräch ab, ohne daß Rudi Prietzel noch einmal zu Wort kommen konnte. Er hielt den Hörer von sich weg und starrte ihn an. Dann seufzte er, drückte die Gabel herunter und wählte neu.

Es dauerte eine Weile, bis sich die bekannte Frauenstimme in der Telefonzentrale meldete. „Stadtverwaltung Kiesheim“, sagte sie. Als sie merkte, daß Rudi Prietzel wieder am Apparat war, sagte sie: „Ach, Sie sind's.“ Aber es war nicht herauszuhören, ob sie es freundlich oder unfreundlich meinte.

„Vielleicht sollte ich mit jemandem reden, der sich um Gesundheit kümmert?“ fragte Rudi Prietzel hilfesuchend.

Die Frau in der Zentrale ging nicht darauf ein. „Also das Gesundheitsamt“, sagte sie knapp, „ich verbinde.“

Doch im Gesundheitsamt fühlte sich die Mitarbeiterin nicht zuständig. Möglicherweise das Stadtreinigungsamt? Weil es doch auch um Müll ging, um die Dreckfässer? Es war ihr anzumerken, daß sie Rudi Prietzel für einen Spinner hielt. Sie wollte ihn möglichst rasch abwimmeln.

Das Stadtreinigungsamt war auch nicht zuständig. Der Mitarbeiter dort empfahl Rudi Prietzel, sich ans Gartenamt zu wenden. „Die betreuen die Spielplätze“, sagte er. Rudi Prietzel stöhnte. „Es ist ja noch kein richtiger Spielplatz“, sagte er, „jedenfalls nicht offiziell. Auf dem Grundstück war früher die Guss-Fabrik, und jetzt ...“

„Eine Fabrik?“ unterbrach ihn der Stadtreinigungs-Mitarbeiter. „Ach so, dann müssen Sie beim Gewerbeaufsichtsamt anrufen.“

Rudi Prietzel schüttelte den Kopf, obwohl der Mann am Telefon das natürlich nicht sehen konnte. „Nein, nein“, sagte er, „die Fabrik arbeitet nicht mehr. Es geht um das, was sie hinterlassen hat. Jemand muß das mal prüfen.“

Einen Moment lang war es still in der Leitung. Dann sagte

der Mann vom Stadtreinigungsamt: „Entschuldigung, wir waren eben unterbrochen. Was haben Sie gesagt?"
Da gab Rudi Prietzel es auf. „Vielen Dank", sagte er, auch wenn er nicht wußte, wofür er sich bedanken sollte.
„Ja", sagte der Mann, nur um etwas zu antworten. Dann fügte er schnell hinzu: „Sie können mir ja mal Ihren Namen und Ihre Anschrift nennen. Ich geb das dann weiter."
Rudi Prietzel zögerte. Weitergeben? Was denn? Der Mann hatte doch gar nicht zugehört. „Nicht nötig", sagte er deshalb. „Auf Wiederhören." Rudi Prietzel legte den Hörer auf und wischte sich über die Stirn.
So kam er nicht weiter. So ging das nicht. Rudi Prietzel zog die Luft geräuschvoll ein. Er rieb seine Nase. Er kratzte sich im Nacken. Er setzte sich in die Sofaecke und starrte vor sich hin. Unzufrieden. Grübelnd. Ratlos.
Kuno sprang aufs Sofa und rollte sich neben ihm zusammen. Nur sein Schnurren war zu hören, sonst nichts. Nach einer Weile verstummte auch das.
Mindestens eine halbe Stunde saß Rudi Prietzel einfach so da. Kuno blinzelte ihn aufmerksam an, ob er nicht doch ein wenig kraulen wollte. Doch Rudi Prietzel rührte sich nicht. Kuno drehte sich einmal um sich selbst, um eine bequemere Lage zu finden. Er schob seine kleine Schnauze unter Rudi Prietzels angewinkelten Arm, kroch ein Stück näher und schmiegte sich an Rudi Prietzels Bein. Endlich hatte er Erfolg. „Na, du", sagte Rudi Prietzel. Er hob vorsichtig seinen Arm und ließ seine Hand über Kunos Fell gleiten. Langsam löste er sich aus seiner Grübelei. Sanft strich seine Hand über Kunos Kopf, über Rücken, Po und Schwanz. Je mehr er streichelte, desto lauter schnurrte Kuno. Und je lauter Kuno schnurrte, desto froher wurde Rudi Prietzel.

Großreinemachen

Gleich nach dem Mittagessen klingelte Nalan. Rudi Prietzel öffnete ihr die Tür. „Ich hab keine Zeit", sagte er. Nalan blieb einfach stehen. „Und Kuno?" fragte sie und rührte sich nicht von der Eingangsstufe. „Hat Kuno auch keine Zeit?"
Rudi Prietzel lächelte. Er trat beiseite und ließ sie in den Flur kommen. „Ich weiß nicht, wo Kuno ist. Du mußt ihn suchen", sagte er.
Nalan folgte ihm in die Küche.
„Paß auf!" rief Rudi Prietzel. Beinahe wäre Nalan in eine große Porzellanschüssel getreten. Die Schüssel stand auf dem Küchenfußboden. Neben dem Tisch. Neben einem Stapel Suppenteller, einem Glaskrug und drei Vasen. Auf dem Tisch lagen jede Menge Kochlöffel, Schöpfkellen und Messer in verschiedenen Größen. Außerdem zwei Bratenschieber, ein Dosenöffner, Raspeln, Reiben und mehrere Siebe. Nalan sah sich staunend um.
Die Türen des Küchenschranks standen offen, ebenso die Schubladen. Alles war herausgeräumt. Sämtliche Tassen und Gläser, Terrinen und Teller, Töpfe und Pfannen waren auf dem Tisch, dem Herd, der Spüle, dem Fußboden verteilt. „Ziehst du etwa aus?" fragte Nalan und stieg über die dickbäuchige Kaffeekanne. Rudi Prietzel schüttelte den Kopf. Er tauchte den schmutzigen Teller vom Mittagessen ins Spülwasser und fuhr mit der Bürste zuerst über die Vorderseite, dann über die Rückseite.
„Ich mache sauber", sagte er.
Nalan blieb stehen. „Machst du das immer so?" fragte sie ungläubig.

Rudi Prietzel spülte das Besteck ab. „Wie?" fragte er. „Na, so", sagte Nalan und zeigte auf den leeren Küchenschrank und den vollen Fußboden. Rudi Prietzel scheuerte jetzt den Rand einer kleinen Bratpfanne. Er blickte nur kurz auf. „Du meinst, so gründlich?" sagte er. „Nein, nein. Aber heute war es notwendig."

Er legte die Pfanne verkehrt herum zu dem anderen sauberen Geschirr und ließ das Spülwasser ablaufen. „Deshalb ist Kuno ja auch geflohen", sagte er.

Nalan war inzwischen bei der Terrassentür angelangt. Sie hob ein Geschirrtuch vom Boden auf und hängte es über den Türgriff.

„Kuno mag keinen Staubsauger", fuhr Rudi Prietzel fort. „Sobald ich den Staubsauger anschalte, kriegt er einen dikken Schwanz und rast davon."

Nalan lachte. Dann lief sie in den Garten und suchte Kuno. Rudi Prietzel wendete sich wieder dem Hausputz zu. Das Wohnzimmer war schon fertig. Im Schlafzimmer mußten nur noch frische Bezüge aufs Bett gezogen werden. Rudi Prietzel hatte die Treppe und den Flur gefegt. Sogar den großen Spiegel an der Garderobe hatte er poliert. Jetzt fing er an, den Küchenschrank auszuwischen.

Es war eine anstrengende Arbeit. Er mußte sich bücken und strecken, auf den Knien liegen, sich vorbeugen. Aber es machte ihm nichts aus.

Rudi Prietzel räumte das Geschirr in den Schrank und stellte das Foto von Guste wieder auf seinen Platz. Er rieb die Flecken von der Wachstuchdecke und rückte die Küchenstühle gerade. Um halb vier Uhr gönnte er sich eine Kaffeepause. Er rief nach Nalan, aber weder sie noch Kuno waren irgendwo zu sehen. Nur die Kinder nebenan waren zu hören. Boris feuerte jemanden an, endlich den Ball abzugeben, Anna Maries Stimme übertönte die der anderen mit irgendwelchen Anweisungen. Zufrieden schlürfte Rudi Prietzel seinen Kaffee.

Eine Tochter weit weg, ein Kind ganz nah

Sehr lange ruhte Rudi Prietzel sich nicht aus. Nach der zweiten Tasse Kaffee stand er schon wieder auf, um das Großreinemachen fortzusetzen. Er scheuerte das Klo und das Waschbecken. Jetzt noch die Fenster putzen. Rudi Prietzel sammelte die kleine Schachtel mit dem Nähzeug und dem anderen Krimskrams von der Fensterbank in der Küche und legte sie auf den Tisch. Aber gerade, als er den Eimer mit dem Putzwasser zum Fenster trug, fielen die ersten dicken Regentropfen.

Schlagartig hatte sich der Himmel zugezogen. Die Büsche und Bäume bogen sich im Wind. Der Regen trommelte auf den Terrassentisch und peitschte gegen die Fensterscheiben. In der Ferne grummelte es, erst leise, dann stärker werdend.

Ein Blitz zuckte. Nach wenigen Sekunden folgte der Donner. Noch ein Blitz, ein gewaltiger, vielverzweigter. Fast gleichzeitig der Donnerschlag, genauso gewaltig.

„Rudi!" schrie Nalan. Sie rannte auf die Terrassentür zu, hielt schützend den Arm über den Kopf und schrie laut. Kuno jagte an ihr vorbei, in die Küche, durch den Flur, die Treppe hoch, in irgendein Versteck.

Rudi Prietzel nahm Nalan in den Arm. Er strich ihr die

nassen Haare aus dem Gesicht. „Mußt keine Angst haben“, sagte er beruhigend.
Nalan schluckte. „Ich hab keine Angst“, sagte sie, „aber es war plötzlich so unheimlich. So düster und wild.“
Rudi Prietzel griff nach dem Handtuch neben der Spüle und rubbelte Nalans Haare trocken. „Sommergewitter kommen meistens schnell“, sagte er.
Draußen blitzte und krachte es. Der Regen prasselte auf die Steinplatten der Terrasse, so heftig und viel, daß sich große Pfützen bildeten. „Was für ein Glück, daß ich die Zwiebeln schon reingeholt habe“, sagte Rudi Prietzel.
Nalan nickte.
„Und die Kirschen gepflückt hab“, sagte Rudi Prietzel.
„Ja“, sagte Nalan.
„Dann ist ja alles in Ordnung. Im Garten und im Haus“, sagte Rudi Prietzel. Er stellte den Putzeimer in die Spüle und legte die Nähschachtel und die anderen Sachen wieder auf die Fensterbank. „Die Fenster putz ich morgen. Vielleicht“, sagte er, „vielleicht auch nicht.“
Nalan hatte sich mit dem Handtuch auch das Gesicht und die Arme abgetrocknet. „Darf ich mal nach Kuno gukken?“ fragte sie. Rudi Prietzel nickte und zeigte auf die Treppe und sofort lief Nalan los.
„Kuno!“ lockte sie ein paarmal. Es dauerte ziemlich lange, bis sie mit Kuno auf dem Arm die Treppe wieder herunter kam. In der Hand hatte sie ein schmales Buch mit buntem Einband. Ein Mädchen war darauf abgebildet und ein kleines Pferd. „Ein Fohlen für Frauke“, hieß der Titel.
„Wieso hast du denn Kinderbücher?“ fragte Nalan. „Oben in dem kleinen Zimmer ist ja ein ganzes Regal voll.“ Mit Kuno auf dem Schoß kuschelte sie sich in die Sofaecke.

Rudi Prietzel blickte auf. Er stand gebeugt über der Schublade des Wohnzimmerschranks und suchte etwas zum Schreiben. „Die Bücher gehören meiner Tochter", sagte er.

Nalan hörte auf, in dem Buch zu blättern. Erstaunt fragte sie: „Du hast ein Kind? Wo ist deine Tochter?"

Rudi Prietzel schob die Tischdecke mit den gestickten Blumen ein Stück zurück. Er legte einen Schreibblock und einen Kugelschreiber auf die Holzplatte und setzte sich an den Tisch.

„Weit weg", sagte er knapp. Und nach einer Weile: „Aber ein Kind ist sie nicht mehr. Sie ist bestimmt älter als deine Mutter."

„Ach so", sagte Nalan, „natürlich." Sie dachte nach. Dann fragte sie: „Besucht sie dich? Sonntags oder so?"

Rudi Prietzel schüttelte den Kopf und setzte seine Brille auf. „Manchmal schreibt sie. Und Weihnachten ruft sie immer an. Meistens", sagte er.

Nalan fragte nicht weiter. Sie sah ihn nur an.

„Meine Tochter heißt Monika", sagte Rudi Prietzel, „sie lebt in Australien."

Nalan schwieg noch immer. „Rudi", begann sie dann, „und wenn ich dich nun immer besuche?"

Rudi Prietzel war froh, daß er seine Brille schon aufgesetzt hatte. Durch die Gläser waren seine Augen nicht so genau zu sehen. Er rieb sich mit dem Handrücken über die Nase und zog die Luft schniefend ein, als hätte er Schnupfen. Er sagte nichts. Er nickte nur bedächtig und lächelte.

Nalan ließ ihre Schuhe auf den Boden plumpsen. Sie schwang die Beine aufs Sofa und fing an, in Monikas Buch zu lesen. „Ist gut", sagte sie.

Es fiel Rudi Prietzel nicht leicht, den Brief zu schreiben. Denn noch weniger als Telefonieren mochte er das Schreiben. Manchmal kamen Anfragen von einer Behörde. Oder wegen seiner Rente. Dann bat er Hennie Pusch um Hilfe. Aber diesen Brief mußte Rudi Prietzel alleine schreiben. Bei diesem Brief konnte Hennie Pusch ihm nicht helfen, denn sie hielt ja das Quecksilber auf dem Grundstück nebenan für Spinnerei.

Rudi Prietzel hatte Mühe, die richtigen Worte zu finden. An wen sollte er den Brief überhaupt richten? An die Stadtverwaltung? Wo niemand wußte, wer zuständig war? Oder an den Bürgermeister? Rudi Prietzel lachte kurz auf. Der Bürgermeister wußte doch sowieso alles. Wer weiß, was er mit dem Brief anstellen würde. Vielleicht würde er ihn einfach verschwinden lassen?

Rudi Prietzel drehte den Kugelschreiber zwischen seinen Fingern.

Er überlegte: Der Bürgermeister machte seine Briefe nicht selber auf. Mit Sicherheit nicht. Er hatte eine Menge Mitarbeiter. Ein ganzes Büro gehörte zu seinem Amt. Dorthin mußte Rudi Prietzel seinen Brief schicken. Also schrieb er oben auf den Briefbogen: „An das Büro des Bürgermeisters“. Einer von den vielen Menschen würde schon wissen, was zu tun war.

Und dann schrieb Rudi Prietzel, was er über das „ehemalige Guss-Grundstück“ gehört hatte. Und was er selbst gesehen hatte. Und was er befürchtete. Dann fügte er noch hinzu: „So fiel mir nun ein, Sie zu fragen, ob Ihnen dies bekannt ist, und ob dort keine Gefahren für spielende Kinder gegeben sind. Ebenso die Möglichkeit einer Bodenverschmutzung zu untersuchen."

Es hörte sich alles etwas hölzern an, vielleicht sogar merkwürdig. Aber Rudi Prietzel fand, daß jeder verstehen konnte, worum es ging. „Hochachtungsvoll" schrieb er noch unten drunter. Und dann besonders sorgfältig seinen Namen und seine Adresse.

Er klebte den Umschlag zu. „So", sagte er erleichtert und lehnte sich zurück, „jetzt muß ich zur Post." Es hatte aufgehört zu regnen, schon vor einiger Zeit. Aber Nalan war so vertieft in das Buch und Rudi Prietzel so mit dem Brief beschäftigt gewesen, daß beide es nicht bemerkt hatten.

„Wie spät ist es überhaupt?" fragte Nalan und sprang erschrocken auf, als Rudi Prietzel es ihr sagte. „Ich muß nach Hause", rief sie.

Rudi Prietzel nahm den Brief und begleitete Nalan bis zur Schule.

„Morgen komm ich wieder!" rief sie und winkte ihm zu. Rudi Prietzel winkte zurück. Er mußte in die kleine Seitenstraße einbiegen. Dort war die Post. Er schaffte es gerade noch, hineinzukommen und eine Briefmarke zu kaufen. Er klebte sie auf den Umschlag und hielt ihn einen Moment fest, bevor er ihn in den Briefschlitz fallen ließ. Jetzt heißt es warten, dachte er.

Morgens um fünf wird endlich gehandelt

Rudi Prietzel wartete. Er wartete, während er im Garten arbeitete. Er wartete beim Essen. Er wartete, wenn er nichts tat.

Nur bei der Chorprobe ließ er sich nichts anmerken. Auch nicht, als Hennie Pusch ihn hinterher ansprach. „Machst du dir immer noch Sorgen?“ fragte sie etwas anzüglich. Rudi Prietzel ging nicht darauf ein. Er ließ sich nicht herausfordern. Vor allem war er erleichtert, daß Emil Pillau nicht zur Probe erschienen war. Wie hätte er sich ihm gegenüber verhalten sollen?
Lene Krüschen beschwerte sich lächelnd, daß Rudi Prietzel sich nicht mehr blicken ließ. „Ach Lene, ich brauch doch nichts“, sagte er und dachte: Doch, ich brauche etwas. Ich brauche eine Antwort. Irgendeine. Damit ich weiß, wie es weitergeht.
Zu Hause blieb Rudi Prietzel manchmal vor dem Telefon stehen und wartete, daß es klingelte. Wenn er den Postboten sah, wartete er, bis er zwei Häuser weiter gegangen war, dann sah er ungeduldig im Briefkasten nach.
Meistens war der Briefkasten leer. Nur ab und zu ein paar Werbeschriften. Einmal kam eine Ansichtskarte, aber die war falsch eingeworfen. Sie war für Familie Feldmann im übernächsten Haus.
Wenn nun gar keine Antwort kommt? Wenn niemand antwortet? überlegte Rudi Prietzel eines Morgens. Was mache ich dann? Es war noch sehr früh. Irgendein Geräusch hatte ihn geweckt. Er sah auf den Wecker neben seinem Bett. Noch nicht mal fünf Uhr. Rudi Prietzel wälzte sich hin und her. An Schlaf war nicht mehr zu denken.
Kuno maunzte. Die Uhr tickte. Ein Motor brummte auf. Metall schlug auf Metall. Es klirrte. Jetzt war Rudi Prietzel hellwach. Er ging die Treppe hinunter und öffnete die Terrassentür. Das Metallklirren war lauter zu hören.

Rudi Prietzel ging langsam auf die Terrasse, durch den Garten, an den Zaun. Die Geräusche kamen vom Nachbargrundstück. Er blickte hinüber. Dort stand ein kleiner Lastwagen mit laufendem Dieselmotor. Ein paar Leute liefen geschäftig hin und her. Männer trugen Metallstangen, Werkzeuge, verschiedene Geräte. Einer von ihnen gab Anweisungen. Rudi Prietzel blieb verdeckt hinterm Holunderbusch stehen. Was machten die Männer da? Noch halb in der Nacht? Er konnte nicht alles erkennen. Ein Mann grub im Boden, ein zweiter füllte Erde in mehrere Plastikbeutel.

Bodenproben! schoß es Rudi Prietzel durch den Kopf. Sie nehmen Bodenproben. Jetzt wird etwas unternommen. Endlich. Auf der Tür des Lastwagens entdeckte Rudi Prietzel das Wappen von Kiesheim. Die Schrift darunter konnte er nicht entziffern.

Es sind Leute von der Stadt, dachte er und fühlte sich irgendwie erleichtert. Doch plötzlich wurde ihm bewußt, daß er nichts als seinen Schlafanzug anhatte. Ihn fröstelte in der kühlen Morgenluft. Hoffentlich hatte ihn niemand gesehen. Rudi Prietzel warf einen raschen Blick hinüber zum Mietshaus, dann ging er eilig ins Haus zurück.

Alles in Ordnung

„Kuno“, sagte Rudi Prietzel in der Küche, „nun geht es los. Wenn sie den Boden untersucht haben, gibt es nichts mehr zu vertuschen.“

Kuno saß vor seinem Napf und wartete aufs Futter.

Rudi Prietzel zog die Terrassentür hinter sich zu. Er rieb sich die Hände. So wie jemand, der friert. Aber auch wie jemand, der sich freut.
Rudi Prietzel hatte sich zu früh gefreut. Es geschah nichts. Jedenfalls vorerst nicht. Nicht am selben Tag, auch nicht am nächsten Tag und schon gar nicht am folgenden Wochenende.
Erst am Montag geschah etwas. Doch richtig freuen konnte Rudi Prietzel sich darüber nicht. Oder nur anfangs. Oder nur halb. Oder gar nicht. Rudi Prietzel las den Brief von der „Stadtverwaltung Kiesheim" im Stehen. Er hatte sich nicht einmal Zeit genommen, die Butter und den Wurstaufschnitt in den Kühlschrank zu legen.
Als er vom Einkaufen zurückgekommen war, hatte er den Brief im Kasten gefunden. Er war sofort in die Küche gegangen, hatte den Umschlag aufgeschlitzt und zu lesen begonnen. Seine Hände zitterten vor Aufregung. Die Brille! Wo war die verflixte Brille? Rudi Prietzel fand sie unter der Zeitung von gestern auf dem Tisch.
„Sehr geehrter Herr Prietzel!" las Rudi Prietzel. Er überflog die Zeilen, so schnell es ging mit fast siebzig Jahre alten Augen. Sehr lang war der Brief sowieso nicht. Rudi Prietzel schnaufte durch die Nase. Er mußte den Brief noch einmal lesen. In Ruhe. Satz für Satz.
Rudi Prietzel setzte sich auf den Küchenstuhl. Im Sitzen zog er ihn näher ans Fenster, da war das Licht besser. Er begann ganz vorn, bei „Sehr geehrter Herr Prietzel". Er fuhr mit dem Zeigefinger unter den Zeilen entlang. Jetzt las er laut: „Es handelte sich um eine hier bekannte Firma, die sich mit der Rückgewinnung von Quecksilber aus verschiedenen Produkten befaßte. Der Betrieb war genehmigt

und arbeitete auf der Grundlage vorbeugender Schutzvorkehrungen. Die Auflagen hinsichtlich der ordnungsgemäßen Sonderabfallbeseitigung sowie der schadlosen Quecksilberrückgewinnung wurden eingehalten."
Rudi Prietzel ließ den Brief sinken. War das alles? Hieß das, es bestand keine Gefahr? Und die Kinder? Auf die Kinder waren die Briefschreiber mit keinem Wort eingegangen. Rudi Prietzel las den Brief noch mal. Und dann noch mal. Jedes Wort beachtete er, sogar das Datum.
Das Datum lag vier Tage zurück. Merkwürdig, dachte Rudi Prietzel. Er rechnete nach, ging ins Wohnzimmer und sah auf den Wandkalender. Vor vier Tagen waren auch die Bodenproben genommen worden. Alles am selben Tag? Merkwürdig, dachte Rudi Prietzel wieder, so schnell kann doch das Ergebnis gar nicht vorliegen.
Er packte seine Einkaufstasche aus und las den Brief zum fünftenmal. Es ist alles in Ordnung, dachte Rudi Prietzel, kein Grund zur Sorge. Die Fabrik hat ordnungsgemäß gearbeitet. Es ist überhaupt kein Quecksilber im Boden. Emil Pillau hatte gesponnen. Hennie Pusch hatte richtig vermutet. Oder?

Kann ein Zaun die Ruhe retten?

Rudi Prietzel seufzte und zog die Luft durch die Nase. Er konnte sich nicht entscheiden, ob er den Brief beruhigend finden sollte. Oder abwiegelnd. Oder heuchlerisch. Kein Urteil traf wirklich zu. Nachher würde er zu Emil Pillau gehen. Sollte der ihm sagen, wie es sich wirklich verhielt.

Doch Rudi Prietzel brauchte nicht zu Emil Pillau zu gehen. Emil Pillau war schon selbst gekommen. Er trat auf, wie es seine Art war. Mit Donnergetöse. Als dumpfes Brummen begann es, schwoll an, knirschend, kreischend wie eine Kreissäge, brach ab.
Rudi Prietzel stieß erschrocken den Stuhl zurück und sprang auf.
Der Krach kam drüben vom Grundstück. Er übertönte die Geräusche der spielenden Kinder. Rudi Prietzel lief an den Zaun, riß die Zweige des Holunderbusches auseinander, um besser sehen zu können. Emil Pillau stand an der Straßenseite des Grundstücks neben einem schweren Baufahrzeug. Es war eine Art Kranwagen, doch statt des Krans war ein beweglicher, riesig langer Bohrer auf der Ladefläche montiert. Zwei Arbeiter drückten den Bohrer in den Boden, unmittelbar hinter den Gehwegplatten. Der Motor brummte dumpf, es knirschte, der Bohrer fraß sich in die Erde.
Emil Pillau sah befriedigt zu. Jetzt stellte er sich in Pose, zusammen mit einem Mann, den Rudi Prietzel als Parteifreund von Emil Pillau kannte. Und zusammen mit einigen Nachbarn aus dem Mietshaus.
Eine jüngere Frau fotografierte die kleine Gruppe von vorn, von der Seite, mit dem Motorbohrer und dem verwilderten Grundstück im Hintergrund. Der Ausrüstung nach handelte es sich um eine Pressefotografin.
Rudi Prietzel stand und starrte zu dem merkwürdigen Geschehen hinüber. Vor vier Tagen hatte er schon einmal hier gestanden, an derselben Stelle. Er hatte zugesehen, wie städtische Arbeiter Bodenproben genommen hatten. Aber das war nicht mitten am Tag gewesen wie heute. Zu nacht-

schlafener Zeit war es gewesen. Ohne Publikum, ohne Fotografin, ohne Zeugen.
Inzwischen waren die Kinder, die eben noch gespielt hatten, zusammengelaufen. Obwohl sie Rudi Prietzel den Rücken zukehrten, konnte er die meisten erkennen. Anna Marie war dabei und Boris und der lange blonde Fußballer von neulich. Auch der Torschütze, ein rundlicher Junge mit igelkurzgeschnittenen Haaren. Und Nalan mit ihrer Freundin. Zehn oder zwölf Kinder waren es.
Sie blieben in einiger Entfernung vor dem Bohrer stehen und beobachteten, was geschah. In jedes Bohrloch rammten zwei Arbeiter dicke, mannshohe Holzpfosten. Seitlich auf dem Gehweg bemerkte Rudi Prietzel jetzt Stapel von langen Latten. Zaunlatten. Sie bauten einen Zaun.
„Sie zäunen das Grundstück ein", murmelte Rudi Prietzel vor sich hin. „Ich denke es ist nicht verseucht?"
Die Fotografin drückte Emil Pillau ein Schild in die Hand. „Betreten verboten" stand darauf. Das konnte sogar Rudi Prietzel von weitem lesen. In diesem Augenblick entdeckte Emil Pillau Rudi Prietzel.
„Rudi!" brüllte er zu ihm herüber. „Wir haben es geschafft! Das Grundstück wird kein Kinderspielplatz!" Er lachte über sein ganzes feistes Gesicht. Den Zeigefinger und den Mittelfinger seiner rechten Hand spreizte er zu einem V, zum Siegeszeichen. Er hob den Arm und winkte Rudi Prietzel, er solle kommen.
Aber Rudi Prietzel dachte nicht daran. Er versuchte, seine Gedanken zu sortieren. Heute morgen hatte er einen Brief von der Stadt erhalten, in dem stand, daß nichts zu befürchten sei. Jetzt, am Mittag hieß es: Kein Spielplatz. Betreten verboten. Einzäunen. Absichern.

Die Kinder redeten aufgeregt durcheinander. Sie riefen Emil Pillau etwas zu. Er antwortete, aber Rudi Prietzel konnte nicht verstehen, was. Er sah nur, wie Emil Pillau in seine Richtung deutete. Die Kinder drehten sich nach ihm um, eines nach dem anderen, ganz langsam. Sie blickten zu Rudi Prietzel herüber. Anna Marie zeigte auf ihn. Dann rief sie: „Kinderhasser!"
Die anderen sagten nichts. Sie standen da mit herunterhängenden Armen. Rudi Prietzel zog die Luft durch die Nase. Er ließ den langen Ast des Holunderbusches los. Ein paar Zweige schlugen ihm ins Gesicht.
„Rudi!" rief Nalan hinter ihm her. „Warte!"
Aber er hörte nicht auf sie.

6. Kapitel

Wie kommt der Name in die Zeitung?

Was gestern angefangen hatte, ging heute weiter. „Hast du schon gelesen?“ fragte Lene Krüschen.
Rudi Prietzel war noch nicht einmal richtig im Laden, da hatte sie ihn schon mit der Morgenzeitung empfangen.
„Hier, auf Seite drei“, sagte sie und blätterte die Zeitung auf. „Guck mal das Foto! Und der lange Artikel. Alles nur über das Guss-Grundstück. Du kommst auch drin vor.“
„Ich?“ fragte Rudi Prietzel, „was hab ich damit zu tun? Zeig mal her!“
Er besah sich das Foto. Emil Pillau mit Siegerlächeln vor dem Grundstück neben dem halbfertigen Zaun. „Warum grinst der bloß immer“, murmelte Rudi Prietzel, „er hat gar keinen Grund.“ Lene Krüschen mußte ihm den Zeitungsartikel vorlesen, denn seine Lesebrille lag zuhause auf dem Küchentisch.
„Bürgermeister Drücker gab den Beschwerden der meist älteren Anwohner des Guss-Grundstücks nach“, las Lene Krüschen. „Deshalb wird an dieser Stelle kein Spielplatz eingerichtet.“ Es folgte die Aufzählung, was der Bürgermeister alles bedauerte, was der Bürgermeister alles versprach und wofür der Bürgermeister sich einsetzen wollte. Emil Pillaus Name wurde ein paarmal genannt, die Unterschriftenliste wurde erwähnt.
„Und jetzt hör gut zu“, sagte Lene Krüschen, „jetzt

kommst du.“ Rudi Prietzel hatte die ganze Zeit gut zugehört. Ungeduldig bedeutete er Lene Krüschen weiterzulesen. Mit lauter Stimme las sie: „Rentner Rudi P. (69), der unmittelbar neben dem Grundstück in der Kiesheimer Hauptstraße wohnt, wandte sich mehrfach an die Behörden, zuletzt sogar schriftlich ans Büro des Bürgermeisters. Das gab schließlich den Ausschlag. Bürgermeister Drükker zeigte volles Verständnis ...“

„Lene“, unterbrach Rudi Prietzel sie. Aber dann konnte er vor Empörung nicht weitersprechen.

Er mußte sich erst mal setzen. Lene Krüschen schob ihm rasch den Stuhl von der Kasse hin. „Nein“, sagte Rudi Prietzel, „nein“. Allmählich fing er sich wieder.

„So ein Lumpenpack!“ sagte er und schnaubte mehrmals durch die Nase. „Diese Lügner!“ sagte er und schüttelte den Kopf. „Betrüger!“ sagte er. So wütend war Rudi Prietzel lange nicht gewesen. „Ich muß sofort zu Emil Pillau“, sagte er. „Das laß ich nicht auf mir sitzen.“

Lene Krüschen versuchte, ihn zu beruhigen. Vergebens. Sie wußte ja nicht, worum es ging. „Die haben das also bloß erfunden?“ fragte sie.

Rudi Prietzel nickte.

Lene Krüschen schien erleichtert. „Und ich dachte schon, du hättest wirklich einen Brief geschrieben.“ Sie stockte. „Gegen die Kinder“, sagte sie.

Rudi Prietzel stand auf. „Ich hab tatsächlich einen Brief geschrieben“, fing er an. Aber dann überlegte er es sich anders und sagte: „Es ist alles viel zu verwickelt. Ich muß jetzt erst mal Klarheit haben.“

Lene Krüschen blickte ihn verwirrt an. Dann lächelte sie unsicher. Fast wie sonst. Ihr Ich-halt-mich-da-raus-

Lächeln. Vielleicht war sie aber auch beleidigt, weil Rudi Prietzel nur Andeutungen machte und ihr keine Einzelheiten erzählte. Sie faltete die Zeitung zusammen und strich sie glatt.
„Die Zeitung nehm ich mit!" sagte Rudi Prietzel. Er bezahlte und ging mit festem Schritt aus dem Laden. Die Zeitung hielt er zusammengerollt wie einen Stock.

Eine elegante Lösung

Emil Pillau wohnte im großen Mietshaus, erster Eingang, zweiter Stock, linke Seite. Rudi Prietzel mußte kurz verschnaufen, bevor er klingelte. Länger als notwendig ließ er den Finger auf dem Klingelknopf liegen. Der schrille Ton war bis ins Treppenhaus zu hören.
Emil Pillau öffnete die Tür. „Rudi!" rief er überrascht. Er trat ein Stück vor und legte Rudi Prietzel die Hand auf die Schulter. „Komm rein", sagte er.
Rudi Prietzel fand, es klang eine Spur zu freundlich. Oder war er selbst heute einfach empfindlicher? „Ich muß dich was fragen, Emil", sagte er, „wegen der Sache mit dem Grundstück"
Emil Pillau nickte eifrig, als wäre das sein Stichwort gewesen, und fing sofort an zu schwadronieren. Wie gut doch alles gelaufen sei. Wie einsichtig sich der Bürgermeister gezeigt habe. Wie sehr er selbst, Emil Pillau, sich für seine Nachbarn stark gemacht habe. „Setz dich erst mal", forderte er Rudi Prietzel auf. Er schob ihm einen Stuhl hin. Aber Rudi Prietzel schüttelte den Kopf. „Ich steh' lieber",

sagte er. Hier wollte er es sich nicht bequem machen. Hier wollte er nicht lange bleiben. „Was du mir neulich über das Quecksilber im Boden erzählt hast", sagte er, „ist das wahr?"
Emil Pillau hatte offenbar nicht mit einer solchen Frage gerechnet. Er brauchte einen Augenblick, bis ihm die passende Antwort einfiel. „Natürlich ist das wahr", nuschelte er. „Ich hab dir doch gesagt, du kannst Gift drauf nehmen." Er schlug Rudi Prietzel auf die Schulter und begann zu lachen. Genau wie neulich Nacht, genauso schmutzig.
Rudi Prietzel sah ihn mit unbewegtem Gesicht an. „Und die Bodenproben?" fragte er. „Was haben die Bodenproben ergeben?"
Wieder dauerte es einen Moment, bis Emil Pillau etwas sagte. „Woher weißt du das mit den Bodenproben?" fragte er.
„Ich hab es gesehen", sagte Rudi Prietzel kühl. „Wie ist das Ergebnis?"
Emil Pillau zupfte nervös an seinem kurzen Bart. Er sah aus dem Fenster, dann wandte er Rudi Prietzel sein Gesicht zu. Er grinste.
„Das Grundstück ist die reinste Silberader", sagte er. „Das Zeug ist metertief im Boden. Und an der Oberfläche ist die Belastung mit Quecksilber mindestens fünfmal so hoch wie erlaubt." Emil Pillau sah keineswegs besorgt aus, nicht mal ernst.
Rudi Prietzel spürte, wie eine ungeheure Wut in ihm aufstieg. Seine Abneigung gegen Emil Pillau wuchs, je länger er redete.
„Als die Untersuchungsergebnisse vorlagen, hat der Bürgermeister sofort entschieden, das Grundstück zu schließen", fuhr Emil Pillau fort. „Da hat sein Herz für Kinder

geschlagen. Er will sie schließlich nicht gefährden." Er fing wieder an zu lachen. „Das ist doch eine elegante Lösung, oder? Ihr habt eure Ruhe, äh, ich meine wir haben unsere Ruhe, und der Bürgermeister auch."
Rudi Prietzel bemühte sich, ruhig zu bleiben. Er zog die Luft durch die Nase, heftiger als sonst. Er umklammerte die zusammengerollte Zeitung mit beiden Händen.
„Du meinst, es gibt keine weitere Erklärung in der Öffentlichkeit?" fragte er. „Der Bürgermeister wird nichts von dem Quecksilber sagen? Er wird weiter behaupten, die Kinder müssen unsertwegen weg? Weil ein paar alte Leute ihre Ruhe haben wollen?" Rudi Prietzel wurde immer erregter. „Du meinst, der Bürgermeister und seine Leute im Rathaus wollen weiter lügen? So wie heute in der Zeitung?" Er warf die Zeitungsrolle auf den Tisch.
„Ihr könnt mich nicht für eure Machenschaften einspannen!" rief er. Rudi Prietzel schlug die Zeitung auf und klopfte mit dem Zeigefinger immer wieder auf den Artikel über das Guss-Grundstück. Genau auf die Stelle, wo sein Name in völlig falschem Zusammenhang stand. Emil Pillau wollte ihm beruhigend die Hand auf die Schulter legen, aber Rudi Prietzel stieß sie weg.

Von Wahlen, von der Wahrheit und vom Gewissen

Emil Pillau leckte hektisch über seine Lippen. „Rudi", sagte er beschwörend, „es sind doch bald Wahlen. Dem Bürgermeister bleibt nichts anderes übrig, als die Wahrheit, sagen wir mal, ein bißchen hinauszuschieben." Er wartete, ob Rudi Prietzel etwas sagen wollte, aber Rudi Prietzel wollte nichts sagen. Dazu nicht. Und schon gar nicht zu Emil Pillau. Mit Emil Pillau würde er am liebsten überhaupt nicht mehr reden.

Emil Pillau zeigte auf den Ohrensessel neben dem Fenster. Dort lag die gleiche Zeitung wie die von Rudi Prietzel. „Ich war genauso überrascht wie du, als ich heute morgen deinen Namen in dem Artikel fand", sagte Emil Pillau einlenkend. „Du hast mir nicht erzählt, daß du einen Brief geschrieben hast." Er senkte seinen Kopf und seine Stimme. Dann sah er Rudi Prietzel von unten her an, fast lauernd. „Was hast du übrigens geschrieben?" fragte er leise.

Rudi Prietzel schwieg noch immer. Er legte seine Zeitung zusammen und ging zur Wohnzimmertür. „Gibt es doch noch etwas, was du nicht weißt? Was dir deine Politikerfreunde nicht verraten?" fragte er höhnisch. Im Flur blieb er stehen. „Ich habe in dem Brief gefragt, ob der Boden womöglich verseucht ist", sagte er. „Daß man das prüfen soll. Und daß es gefährlich für die Kinder ist."

Emil Pillau packte Rudi Prietzel am Arm. „Was hast du geschrieben?" rief er entsetzt. „Ich durfte dir das doch gar nicht sagen. Das war doch geheim!" Er stand ganz nah hinter Rudi Prietzel. Rudi Prietzel hörte ihn atmen. „Auch was ich dir eben gesagt hab, darfst du nicht weitersagen!" Emil Pillaus Stimme überschlug sich fast. Er riß an Rudi Prietzels Hemdärmel. Einen Augenblick lang war es still im Flur. Nur die Zeitung knisterte.

Dann griff Rudi Prietzel den Türdrücker und öffnete die Wohnungstür.

„Du hast wohl überhaupt kein Gewissen mehr", sagte er. Bevor er die Treppe hinunterstieg, drehte er sich noch einmal um und sagte: „Ich hab sogar schon Antwort bekommen auf meine Fragen." Er lachte bitter. „Von einem Amt, das entweder keine Ahnung hat, oder das hellsehen kann." Rudi Prietzel trat auf die erste Treppenstufe. „Jedenfalls kannte man dort die Untersuchungsergebnisse schon sehr frühzeitig." Rudi Prietzel ging langsam die Treppe hinunter. „Bevor die Bodenproben überhaupt untersucht worden waren!" rief er aus dem ersten Stock herauf. Den verdutzten Emil Pillau würdigte er keines Blickes mehr.

Himmlische Ruhe?

Rudi Prietzel saß auf der Terrasse und frühstückte. Kuno schnurrte in seinem Lieblingssessel. Die dicke Kaffeekanne stand zwischen Zuckerdöschen, Butterschale und Marmeladenglas auf der Blümchentischdecke.
Ein Spatz traute sich trotz Kuno in die Nähe des Stuhlbeins. Er pickte ein paar Brötchenkrümel und flog dann rasch auf den sicheren Holunderbusch. Von der Straße her dröhnten die Lastwagen. Irgendwo quietschten Bremsen. Rudi Prietzel goß sich die dritte Tasse Kaffe ein, Milch, Zucker, umrühren. Er seufzte. Er schlug die Zeitung auf und überflog ein paar Überschriften. Er ließ die Zeitung sinken und seufzte wieder.
Kuno streckte seine Vorderpfoten aus und gähnte. Rudi Prietzel blickte zum Holunderbusch. Zum Zaun. Zum Grundstück nebenan.
„Kuno", sagte er, „es ist niemand da." Kein Mensch. Keine Kinder. Keine Nalan, keine Anna Marie, kein Boris. Nicht

mal ein Fußball. Schon gar keiner, der über den Zaun geflogen kam. Natürlich nicht. Der Platz war abgesperrt. Betreten verboten.
Rudi Prietzel räumte den Frühstückstisch ab und goß die Blumen, bevor es zu heiß wurde. Dann ging er einkaufen, obwohl er nichts brauchte. Aber gestern hatte er Lene Krüschen versprochen, ihr von seinem Brief und dem Grundstück zu erzählen.
Hennie Pusch war auch im Laden. „Ach Rudi", winkte sie ab, als er mit Emil Pillaus nächtlicher Schreckensmitteilung begann, „fängst du schon wieder an! Sei doch froh, daß es jetzt so himmlisch ruhig ist."
Rudi Prietzel stellte sich zu Lene Krüschen an die Kasse. „Bei mir ist es nicht ruhig", sagte er trocken. „Ich wohne immer noch an der Hauptverkehrsstraße." Dann berichtete er Lene Krüschen haarklein von allem, was er gehört, gesehen und gelesen hatte. Von den Telefonaten, von seinem Brief und von dem Brief der Stadtverwaltung. Von den Bodenproben in aller Frühe. Auch von dem letzten Gespräch mit Emil Pillau.
„Das ist ja furchtbar", sagte Lene Krüschen fassungslos. „Meinst du, der Bürgermeister hat wirklich alles gewußt?"
Rudi Prietzel nickte.
„Und hat die Kinder trotzdem so lange dort spielen lassen?" fragte sie. Rudi Prietzel nickte.
„Und hätte es weiter vertuscht? Hätte irgendwann tatsächlich einen richtigen Kinderspielplatz angelegt?" fragte Lene Krüschen.
Rudi Prietzel zuckte mit den Schultern. „Ich weiß es nicht", sagte er, „aber ich glaube schon."
„Was für ein Glück, daß du den Brief geschrieben hast",

sagte Lene Krüschen nach einer Weile, „sonst wäre wahrscheinlich immer noch nichts geschehen."
Rudi Prietzel drehte gedankenverloren das Einkaufsnetz in seinen Händen. „Meinst du", sagte er fragend.
Jetzt war es Lene Krüschen, die nickte. „Ganz sicher", sagte sie und nickte zur Bekräftigung immer weiter. „Die im Rathaus haben nach deinem Brief offenbar Angst gekriegt, daß etwas herauskommt." Rudi Prietzel stützte sich an dem niedrigen Regal mit Keksen, Bonbons und Salzgebäck ab.
„Jedenfalls können sie nicht behaupten, sie hätten nichts gewußt", sagte er. „Niemand kann das mehr sagen." Rudi Prietzel richtete sich auf. Ganz gerade und aufrecht stand er vor Lene Krüschen. Wie jemand, der genau weiß, was er will.
Was er wollte, war Rudi Prietzel allerdings erst eben klargeworden. „Lene", sagte er und beugte sich vor, „alle müssen es erfahren. Alle sollen wissen, wie der Guss und der Bürgermeister unter einer Decke stecken. Wie sie mit den Kindern umgehen. Und mit uns."
Lene Krüschen sah etwas erschrocken aus. „Was hast du vor?" fragte sie.
Rudi Prietzel schnaufte ein paar mal durch die Nase. Er sah zu Hennie Pusch hinüber, die noch immer von Regal zu Regal ging, hier und da etwas herausnahm und es in den Einkaufskorb legte. „Du kannst ruhig zuhören", sagte Rudi Prietzel zu ihr. Eigentlich war diese Aufforderung überflüssig, denn Hennie Pusch hatte sowieso die ganze Zeit zugehört. Zu Lene Krüschen gewandt sagte er: „Hennie glaubt, daß jemand, der Musik mag und den Chor fördert, nichts Schlechtes tun kann."

Lene Krüschen lachte auf. Hennie Pusch stellte den Einkaufskorb neben die Kasse. Sie schwieg beleidigt.
„Der Guss will den Chor nicht fördern, er will ihn kaufen", sagte Rudi Prietzel heftig.
„Bestimmt hat er ein schlechtes Gewissen", sagte Lene Krüschen. Doch sehr überzeugend klang ihre Erklärung nicht.

Rudi Prietzel steigt über den Zaun

So früh war Rudi Prietzel selten von einer Chorprobe heimgekommen. Er schloß die Haustür hinter sich ab und ging geradewegs auf die Terrasse. Kuno kam ihm schnurrend entgegengelaufen. Es war ein schöner Sommerabend. Vereinzelt tschilpten ein paar Vögel. Erst langsam wurde es dämmerig. Rudi Prietzel ließ sich in Kunos Lieblingssessel fallen und hob den Kater auf seinen Schoß.
Er streichelte und kraulte ihn und ließ seine Hand lange auf dem warmen, seidigen Fell liegen. Wie gut es tat, so viel Nähe zu spüren. Allmählich wurde Rudi Prietzel ruhiger. Die Chorprobe war chaotisch gewesen. Laut und heftig war es zugegangen. Und sehr häßlich. Nicht der Gesang, sondern die Gespräche.
Gesungen hatten sie kaum, obwohl es die vorletzte Probe vor dem Auftritt bei der Brunneneinweihung war. Die Hauptprobe sollte übermorgen sein. Hennie Pusch war in Tränen ausgebrochen. Lene Krüschen hatte versucht, den Streit zu schlichten.
Einziges Thema war das Guss-Grundstück gewesen. Die

meisten waren froh über die Schließung. Sie hätten sich gern bei Emil Pillau bedankt, aber der hatte es vorgezogen, gar nicht erst zu erscheinen. „Jetzt haben wir endlich unsere Ruhe", sagte jemand. Der Mehrheit genügte das. Mehr wollten sie überhaupt nicht wissen. Sie hatten Rudi Prietzel zwar zugehört, aber dann abgewiegelt. So schlimm werde es schon nicht sein.

„Die Behörden haben doch aufgepaßt", sagte Frau Wakker. Einige hatten aber doch immer wieder nachgefragt. Sie wollten Einzelheiten erfahren. Dann hatte ein Wort das andere gegeben. Der Streit war da. Angeschrien hatten sie sich. Abwehrend die einen, entsetzt die anderen.

Nach einer Stunde hatte Hennie Pusch die Probe abgebrochen. Nur wenige waren danach noch geblieben. Auch Rudi Prietzel hatte eine Einladung zum Bier ausgeschlagen. Er mußte erst einmal zur Ruhe kommen.

Kuno drückte seine Vorderpfoten gegen Rudi Prietzels Bein. Die rechte Pfote, die linke Pfote, immer abwechselnd, ziemlich schnell. „Na, du Strampelkater", sagte Rudi Prietzel leise und drückte Kuno liebevoll an sich.

So saßen sie eine ganze Weile. Rudi Prietzel fühlte sich schon viel besser. Mit Kuno auf dem Arm stand er auf. Er ging durch seinen Garten und stellte sich an den Zaun zum Nachbargrundstück.

Verlassen und friedlich lag es da. Friedlich? dachte Rudi Prietzel bitter. Friedlich war überhaupt nichts mehr. Was früher bedeutungsloses Gerümpel gewesen war, erschien Rudi Prietzel plötzlich voller Gefahren. Bedrohlich das baufällige Gebäude. Bedrohlich die dunklen Öffnungen der Fässer. Bedrohlich der Erdboden. Gerade der, dem man nichts ansah.

Rudi Prietzel ließ Kuno von seinem Arm springen. Er kletterte über den Gartenzaun, ging langsam über die festgetretene Erde und über die Platten aus Beton. Er ging einmal rund um das ganze Grundstück.
Fast vorsichtig trat er auf. War es zu spüren, das Gift unter ihm? Rudi Prietzel blieb stehen. Natürlich spürte er nichts. Nicht in den Füßen.
Trotzdem war das Quecksilber da. Im Boden und in Rudi Prietzels Kopf. Er versuchte, nicht daran zu denken. Aber die Gedanken ließen sich nicht verscheuchen. Er konnte das Quecksilber nicht sehen, nicht riechen, nicht fühlen. Aber er wußte es. Er spürte es doch.
Rudi Prietzel stieg über den Zaun zurück in seinen Garten. Er atmete auf. Hier konnte er wieder sicherer auftreten. Hier hatte er seinen eignen Grund unter den Füßen. Fruchtbare Gartenerde. Unverseuchten Boden. Der Zaun war die Grenze. Rudi Prietzel legte beide Hände auf die schmalen Latten.
Ein leichter Wind strich über sein Gesicht. Es war Nacht geworden, eine laue Nacht. Nach einem warmen Abend. Nach einem heißen Tag. Quecksilber verdampft bei Zimmertemperatur, hatte im Lexikon von Hennie Pusch gestanden. Wie hoch ist „Zimmertemperatur"? überlegte Rudi Prietzel. Einundzwanzig oder dreiundzwanzig Grad? Das Thermometer vorm Küchenfenster hatte heute Mittag fast dreißig Grad angezeigt.
Wie sollte ein niedriger Lattenzaun die giftigen Dämpfe zurückhalten? Rudi Prietzel ließ seinen Blick über seinen im Dunkeln liegenden Garten schweifen. Über die Beete mit den Möhren, den Bohnen, den Zwiebeln. Über die Tomatenpflanzen. Über den abgeernteten Kirschbaum. Wie

ein Fremder ging er zurück zum Haus. Mit müden Schritten stieg er die Treppe hinauf ins Schlafzimmer.
Er legte sich ins Bett und zog die Decke bis zum Kinn hoch. Als er merkte, daß Kuno ihm gefolgt war, rückte er zur Seite. Kuno sprang auf die Matratze. Zuerst putzte er sich ausführlich, dann ließ er sich neben Rudi Prietzels Füßen nieder.
Rudi Prietzel streckte die Hand aus. „Na, komm her", sagte er leise. Kuno rieb seinen Kopf an der Hand. Er kroch ein Stück nach oben, bis er an Rudi Prietzels Hüfte lag. Ganz nah schmiegte er sich an.

7. Kapitel

Stinkbomben für den blöden Opa

Rudi Prietzel konnte nichts dafür, er wollte nicht lauschen. Aber es ließ sich nicht vermeiden, daß er zuhörte. Er hatte hinten in seinem kleinen Schuppen die Hacke gesucht. Die mit dem kurzen Stiel. Und als er sie gerade gefunden hatte, hörte er die Kinderstimmen.
„Stell' die Tonne davor!" sagte jemand in unmittelbarer Nähe. Es knirschte, ein Blechfaß wurde gerückt, noch eins. Dann sagte die Stimme: „Alles klar, wir können anfangen." Rudi Prietzel war ganz sicher, daß es Anna Maries Stimme war.
„Was schlägst du vor?" fragte jemand anderes.
Das könnte Boris sein, dachte Rudi Prietzel. Oder der Torschütze? Die Kinder mußten direkt neben dem Schuppen sein. Dort, wo er an das benachbarte Grundstück stieß. Etwas polterte gegen die Wand. „Paß doch auf!" zischte Anna Marie. Rudi Prietzel überlegte, ob er nicht lieber aus dem Schuppen gehen sollte. Jetzt sofort. Aber irgendetwas hielt ihn zurück.
„Am schlimmsten ist dieser Pillau", sagte Anna Marie, „und der Opa von nebenan, der blöde Prietzel."
„Der ist nicht blöd", rief eine dritte Stimme. Nalan.
„Ein Kinderhasser ist er", sagte Anna Marie, „warum wollte er uns sonst vertreiben?" Jetzt redeten alle durcheinander. Rudi Prietzel konnte nichts mehr verstehen. „Camillo

hat einen Plan, wie wir uns rächen können", sagte Anna Marie dann. „Los, Camillo, erzählt mal!"
Camillo wollte den Spielplatzgegnern Silvesterböller durch den Türschlitz schieben. „Oder kleine Stinkbomben!" Boris lachte. Nalan sagte: „Da mach ich nicht mit."
Anna Marie verwarf den Plan, weil es Silvesterböller nur an Silvester gab. „Wir könnten einfach bei ihnen klingeln", sagte sie. "Und dann wegrennen?" fragte Boris gespannt. „Quatsch", sagte Anna Marie. „Dableiben. Sie zur Rede stellen. Alle Kinder aus der Gegend." Sie kicherte. „Die Schlotterhose kriegt dann bestimmt einen Schreck."
Schlotterhose. Rudi Prietzel erinnerte sich nur allzu gut. So hatte Anna Marie ihn nach ihrem ersten Zusammentreffen genannt. Rudi Prietzel stand hinter der dünnen Bretterwand und hörte jedes Wort.
Ein Kind, dessen Stimme er nicht kannte, schlug vor, den Platz zu besetzen. „Wie bleiben einfach hier, Tag und Nacht. Wir besorgen uns Zelte. Oder wir buddeln uns eine Höhle."
Die anderen schienen die Idee gut zu finden. „Super!" sagte jemand. „Wir kochen und essen hier", sagte jemand anderes. „Wir bauen einen Erdwall zur Verteidigung", sagte jemand drittes. „Tut das nicht!" hörte Rudi Prietzel sich selbst sagen.
Einen Augenblick lang herrschte Stille. Bei den Kindern und bei Rudi Prietzel. Dann brach ein empörtes Geschrei los. Die Kinder trommelten wild gegen die Schuppenwand. Wie Schläge kam es Rudi Prietzel vor. Aber er wollte sich nicht verstecken. Er ging nach draußen. Automatisch stieg er über den Zaun. Zögernd ging er auf die im Halbkreis aufgestellten Fässer zu, dann auf die Kinder,

langsam und etwas unsicher. Hört mal, wollte er sagen, aber er kam nicht zu Wort.
Die Kinder stießen die Fässer um. Sie schrien und schimpften. „Spitzel“ und „Lauscher“ und „Spion“ und „Kinderhasser“ riefen sie. Rudi Prietzel fühlte sich sehr unbehaglich. Nalan sah ihn unglücklich an. Nach einer Weile sagte er: „Ihr habt ja recht“, dann, etwas lauter: „Aber ich hab auch recht!“ Anna Marie bedeutete den anderen, still zu sein.

Wer kann das noch verstehen?

Anna Marie warf Rudi Prietzel einen feindseligen Blick zu. Mit verschränkten Armen baute sie sich vor ihm auf, aber sie sagte nichts. Rudi Prietzel stellte sich vor, Anna Marie würde so vor Emil Pillau stehen. Oder vor dem Bürgermeister. Oder vor Georg Guss. Ins Schleudern würden sie geraten. Sollten sie doch einmal versuchen, Anna Marie ihre schmutzigen Geschäfte zu erklären. Sollten sie doch mal versuchen, sich zu rechtfertigen. Anna Marie würde sie mit grünen Augen anblitzen. Sie würde ihnen ihre Meinung sagen. Kein Schlupfloch bliebe diesen Halunken offen. Keine Ausflüchte wären möglich, nur Scham.
Rudi Prietzel zog die Luft durch die Nase. „Ich will nicht, daß ihr hier spielt“, sagte er und hob sofort die Stimme, um gegen das Murren der Kinder anreden zu können. „Aber nicht, weil ihr mich stört.“ Er mußte jetzt fast brüllen. „Sondern weil hier alles verseucht ist. Vergiftet. Voller Quecksilber.“ Die Kinder verstummten. „Hier war früher

eine Fabrik", erklärte Rudi Prietzel, „die hat mit Quecksilber gearbeitet. Quecksilber ist furchtbar giftig. Es ist in den Boden gesickert und immer noch da." Er machte eine Pause und zog wieder die Luft durch die Nase. „Der Fabrikbesitzer hat das Grundstück an die Stadt verkauft, an Kiesheim. Obwohl er von dem Gift wußte. Der Bürgermeister hat es dann auch gewußt. Und hat trotzdem erlaubt, daß ihr drauf spielt."
Anna Marie hörte aufmerksam zu, ebenso wie die anderen. Aber so rasch war sie nicht zu überzeugen. „Und warum erlaubt er es jetzt plötzlich nicht mehr?" fragte sie.
Rudi Prietzel zuckte mit den Schultern. „Wahrscheinlich fürchtet er, daß die Geschichte ans Licht kommt", sagte er.
„Das verstehe ich nicht", sagte Anna Marie zu den Kindern gewandt. „Ihr etwa?" Die Kinder schüttelten die Köpfe. Alle redeten durcheinander.
„Herr Pillau hat gesagt, wir waren zu laut. Darum haben sie den Zaun gebaut. Damit wir weggehen", sagte Boris. Er stieß den dicken Jungen neben sich an. „Du hast es doch auch gehört, Camillo, nicht?"
Camillo nickte. „Die Leute wollen ihre Ruhe haben, hat Herr Pillau gesagt."
Anna Marie sah Rudi Prietzel herausfordernd an. „In der Zeitung hat gestanden, daß Sie einen Brief geschrieben haben", sagte sie, „um sich über uns zu beschweren." Wieder riefen alle laut durcheinander. Noch lauter wurde es, als Rudi Prietzel sagte, er habe wirklich einen Brief geschrieben. Niemand hörte mehr zu. Jetzt wurde es ihm zu viel. „Ruhe!" brüllte er.
Die Kinder schwiegen überrascht. Rudi Prietzel redete in normaler Lautstärke weiter. „In meinem Brief habe ich

verlangt, daß der Boden hier auf Gift untersucht werden soll", sagte er. „Weil ich nicht will, daß ihr vergiftet werdet. Von Ruhe hab ich überhaupt nichts geschrieben." Rudi Prietzel sah jedem Kind ins Gesicht, der Reihe nach.
„Der Bürgermeister hat es nun wohl mit der Angst gekriegt. Er hat ja gemerkt, daß noch jemand etwas von der Verseuchung weiß. So einfach klappt das Vertuschen jetzt nicht mehr. Trotzdem hat er es noch einmal versucht."
Rudi Prietzel zog die Luft durch die Nase wie gewöhnlich. Dann fuhr er fort: „Er hat versucht, die Anwohner und mich für seine Zwecke einzuspannen. Unsere Ruhe ist aber nur ein vorgeschobener Grund. In Wahrheit ist das Grundstück wegen des Quecksilbers gesperrt worden. Niemand würde nämlich einen Bürgermeister wiederwählen, der Kinder in so große Gefahr gebracht hat."
Rudi Prietzel atmete auf. Er schnaufte noch einmal, aber nur kurz. Endlich hatte er den Kindern sagen können, wie es gewesen war. Endlich wußten sie Bescheid. Sie würden begreifen, daß sie nicht mehr herkommen durften. Und daß er nichts gegen sie hatte. Da war er ganz sicher.

Vom Angstmachen und Angst haben

Anna Marie, Boris, Camillo, Nalan und die anderen schienen ehrlich betroffen. Es dauerte eine Weile, bis Anna Marie wieder etwas sagte. Sie sprach langsam und nachdenklich. „Dann haben ja alle gelogen", sagte sie.
Rudi Prietzel nickte. „Ja", sagte er.
„Auch die Leute von der Zeitung", sagte Anna Marie.

Rudi Prietzel zuckte die Schultern. „Vielleicht wußten sie es nicht besser“, sagte er.
Nalan knuffte Anna Marie in die Seite. „Siehst du!“ rief sie, „Rudi ist kein Kinderhasser.“
Anna Marie zog die Stirn kraus. „Rudi?“ fragte sie. Rudi Prietzel grinste. Er zeigte auf sich selbst. „Schlotterhose“, sagte er erklärend.
Anna Marie sah etwas verlegen aus, aber höchstens zwei Sekunden lang. Dann grinste sie auch. „Also Rudi Schlotterhose“, sagte sie. Ein paar Kinder lachten, am meisten Nalan.
„Anna Marie Lispelstimme“, sagte Rudi Prietzel kommentarlos, „Boris Strubbelkopf. Camillo Torschütze.“ Die Kinder guckten ihn verständnislos an. „Glaubt ihr, ich hätte euch nicht auch Namen gegeben?“ fragte er lächelnd. „Ich wußte doch nicht, wie ihr heißt.“
Zuerst mußte er erklären, wie er auf die Bezeichnungen gekommen war, dann nannten ihm die Kinder, die er noch nicht kannte, ihre Namen. Der lange blonde Fußballer hieß Kristian. Nalans Freundin hieß Nathalie. Die Freunde von Boris hießen Mevlit und Roberto.
Rudi Prietzel nickte bei jedem neuen Namen. Dann fragte er: „Wie seid ihr überhaupt hier hereingekommen? Der Zaun ist doch absolut dicht.“
Anna Marie zeigte auf die alte Fabrikhalle. „Durch ein kaputtes Fenster“, sagte sie, „von der Straße aus. Und dann durch das Tor.“ Das schwere Eisentor stand einen Spalt breit offen.
Wer weiß, wie sicher es noch in der Verankerung hängt, dachte Rudi Prietzel mit Schaudern. Und wer weiß, was in der Halle noch alles herumliegt. Er mußte unbedingt die

Gefahren noch einmal schildern. Genauer. Dringlicher. Rudi Prietzel setzte sich auf eins der umgestoßenen Fässer. Er mußte warnen, ohne Angst zu machen. Aber wie? Rudi Prietzel kniff die Augen zusammen und blinzelte in die Mittagssonne. Es war schon wieder so heiß. Viel heißer als Zimmertemperatur. Viel heißer als die Temperatur, bei der Quecksilber verdampft.
Unwillkürlich fuhr Rudi Prietzel sich mit der Hand an die Nase. Was passierte beim Einatmen der Giftdämpfe? „Soll ich euch etwas sagen“, sagte er heftiger als beabsichtigt. „Ich mag hier nicht sein. Ich kann hier nicht ruhig sitzen, mitten in diesem ...“ Er brach ab.
Dann stand er auf. Er wischte sich über die Stirn. „Diese Hitze“, murmelte er. Auch die Kinder schwitzten. Hinterm Schuppen war es schattig gewesen, jetzt standen sie in der prallen Sonne.
„Ich brauch eine Flasche Limo“, stöhnte Boris. „Und ich eine ganze Wasserleitung“, ächzte Camillo. Rudi Prietzel nickte. „Ich auch“, sagte er und ging auf den Gartenzaun zu.
An dem dicken Pfosten hielt er sich fest. Ihm war plötzlich schwindlig. Den Kindern keine Angst machen, fuhr es ihm durch den Kopf. Wie denn bloß? Wenn ich selber Angst habe.
Jetzt war es heraus aus dem Gedankengewirr. Er hatte es sich eingestanden. Rudi Prietzel hatte nicht nur Angst um die Kinder, sondern auch um sich selbst. Er drehte sich um. „Versprecht mir, daß ihr den Platz nicht mehr betretet!“ sagte er und hoffte, sie würden das Eindringliche in seiner Stimme nicht überhören.

Anna Marie kickte einen kleinen Betonbrocken gegen ein Faß. „Wie geht es nun weiter?“ fragte sie. „Wo sollen wir hin?“

Boris stieß den Brocken zu Camillo und sagte: „Hier konnte man wenigstens mal bolzen.“

„Und Radfahren“, sagte Nalans Freundin Nathalie.

„Im Park ist das verboten“, sagte Camillo.

„Auf der Straße ist es zu gefährlich“, sagte der lange Kristian.

„Da stinkt es“, sagte Nalan.

„Außerdem sind die Abgase giftig“, sagte Boris’ Freund Mevlit.

„Genau wie das Wasser im Bach. Was da alles reinfließt!“ sagte Nathalie.

„Aber mit der Brühe werden dahinten die Kohlfelder gewässert“, sagte Roberto.

„Na und“, sagte Anna Marie, „ist doch egal. In den Kästen vorm Gemüseladen wird der Blumenkohl sowieso zu Bleikohl. Nur zwei Meter vom Verkehrsdreck entfernt!“

Mevlit lachte. „Sondermüll“, sagte er.

„Wenn du weiter so viel Waldpilze ißt, bist du auch Sondermüll“, sagte Anna Marie. Boris und Nalan wußten noch mehr Beispiele, was schädlich zu essen, zu trinken und zu benutzen war. Camillo malte sich aus, wie er mit einer Gasmaske auf der Straße herumlief. „Oder beim Fußballspielen“, sagte Kristian.

Rudi Prietzel stand am Zaun. Er hörte zu. Staunend und erschreckt. Die Sprache der Kinder verschlug ihm die Sprache. Von Müll und Dreck war die Rede. Von Zerstörung, Vernichtung und Bedrohung. Wörter wie Verstrahlung, Verklappung, Entsorgung kamen über ihre Lippen, als redeten sie über Alltägliches und Altbekanntes. Rudi Prietzel hielt sich am Pfosten fest und horchte und wartete. Hört doch auf! bat er in Gedanken. Aber er wußte, daß sie nicht aufhören konnten.

Kommt weg hier! wollte er sagen. Aber er sagte es nicht, weil weglaufen nicht möglich war. Nicht für die Kinder und nicht für ihn.

Rudi Prietzel schloß die Augen und wünschte, es wären die Ohren. Er zog laut und hörbar die Luft durch die Nase. Einmal. Zweimal. Dann sagte er, was er nicht sagen wollte und was doch das einzig richtige war: „Hört auf! Kommt weg hier. Wenn ihr wollt, könnt ihr zu mir kommen."

Ungläubig sahen ihn die Kinder an.

„Wohin?" fragte Boris. „In den Garten?"

Rudi Prietzel schüttelte den Kopf. „Da ist es viel zu heiß", sagte er und stieg schwungvoll über den Zaun. Er wunderte sich über sich selbst. „Kommt ins Haus!" lud er die Kinder ein. Woher hatte er nur plötzlich so viel Kraft?

„Jetzt gleich?" fragte Camillo.

Rudi Prietzel nickte.

„Alle?" fragte Anna Marie zweifelnd.

Rudi Prietzel machte eine einladende Handbewegung. „Alle", sagte er und ging voraus.

Ein Haus voller Kinder

So viel Geduld wie heute hatte Kuno noch nie gebraucht, und Rudi Prietzel noch nie so viel Mehl. Die Geduld war nötig fürs Gestreicheltwerden und das Mehl für die Pfannkuchen. Ganz friedlich hatte Kuno vorhin auf der Terrasse gedöst. Nichtsahnend hatte er sich von Nalan kraulen lassen, an seiner Lieblingsstelle unterm Schnäuzchen. Doch als nach Nalans Hand Nathalies gefolgt war und dann Mevlits und dann Robertos, da hatte Kuno sich zurückgezogen, langsam und würdevoll. Schließlich war er ja hier zu Hause.

Aufs Sofa hatte er sich gelegt, mit dem Kopf zwischen Rükkenlehne und Plüschkissen. Doch Boris hatte ihn schon nach wenigen Minuten entdeckt und die anderen herbeigerufen. Alle wollten ihn streicheln. Jeder einzelne war sehr lieb gewesen, aber nach dem sechsten Händepaar hatte Kuno genug. Fauchend und knurrend hatte er sich verteidigt. Dann war er die Treppe hochgerannt und hatte sich unter Rudi Prietzels Bett gerettet.

„Laßt Kuno in Ruhe“, sagte Rudi Prietzel, „er ist nicht so viele Menschen gewöhnt.“ Er selber war auch nicht so viele Menschen gewöhnt. Schon gar keine Kinder. Und jetzt wuselten drei Mädchen und fünf Jungen um ihn herum. Sie liefen durchs Haus. Sahen alles neugierig an. Bestaunten dieses, begutachteten jenes. Fragten nach den Fotos im Wohnzimmer und auf dem Küchenschrank, fragten nach Guste und seiner Tochter in Australien. Fragten nach dem Klo und schließlich nach etwas zu Trinken. Rudi Prietzel nickte verständnisvoll.

„Such mal ein paar Gläser aus dem Schrank“, sagte er zu Anna Marie, „ich hol den Saft.“ Als er mit fünf Flaschen Kirschsaft aus dem Keller zurückkam, saßen alle in der Küche. Sie hockten auf der Fensterbank, auf den Stühlen, auf der Wäschekiste und auf dem Fußschemel. Anna Marie

saß auf dem Deckel des Abfalleimers, und Boris versuchte gerade, den Gartensessel durch die Terrassentür zu ziehen. „Für Sie!“ sagte er.
Auf dem Tisch standen fünf Gläser. Mehr waren nicht im Schrank gewesen. Rudi Prietzel stellte zwei Becher und zwei Tassen dazu. Er wischte den Staub von den Flaschen und zog die Verschlußkappen aus Gummi ab. In einer Flasche hatte sich ein dicker Schimmelpfropf gebildet.
„Iiii!“ machte Roberto. „Die anderen sind in Ordnung“, sagte Rudi Prietzel und goß den Saft ein. Nalan verteilte die Becher, Gläser und Tassen. Dann blickten alle erwartungsvoll zu Rudi Prietzel.
„Worauf wartet ihr?“ fragte er. Camillo und Nathalie kicherten. Boris hielt ihm seine Tasse mit dem roten Kirschsaft hin. „Sie sollen mit uns anstoßen“, sagte er. Rudi Prietzel schwieg einen Augenblick lang. Ihm war nach Lächeln zumute, so sehr freute er sich. Aber er wollte nicht, daß sein Lächeln zu einem wohlwollenden Schmunzeln geriet. So wie Erwachsene manchmal Kinder belächeln, von oben herab, besserwissend, überlegen.
„Worauf wollen wir anstoßen?“ fragte er ernst.
„Nur so“, sagte Boris.
„Auf uns“, verbesserte Anna Marie.
Rudi Prietzel hob seinen Becher. „Auf uns!“ sagte er. Es klang fast ein wenig feierlich.
„Und wie sollen wir jetzt sagen?“ fragte Anna Marie.
Rudi Prietzel verstand nicht gleich, was sie meinte. „Ach so“, rief er dann, „du meinst, Schlotterhose kannst du mich nicht mehr nennen.“ Er lachte. Endlich konnte er lachen. Anna Marie lachte mit. Nalan auch.
„Sag doch Rudi!“ rief sie übermütig.

„Ich weiß nicht", sagte Anna Marie.
Aber Boris hielt Rudi Prietzel die Hand hin. „In Ordnung", sagte er, „ich heiße Boris." Rudi Prietzel schlug ein. Seine runzlige Hand mit den heraustretenden Adern drückte die kleine Hand von Boris ganz fest. Dann die Hand von Nathalie. Dann Robertos, Kristians, Camillos, Mevlits Hände.

Friede, Freude, Eierkuchen, aber aus der Pfanne

Anna Marie umfaßte ihr Glas mit beiden Händen und blieb auf dem Mülleimer sitzen. „Und was nun?" fragte sie. „Vergessen wir jetzt die Sauerei mit dem Grundstück? Ist jetzt Friede, Freude, Eierkuchen?"
Rudi Prietzel war nicht überrascht von ihrer Bemerkung. Aber bevor er darauf eingehen konnte, war Nalan aufgesprungen. Sie kannte den Spruch „Friede, Freude, Eierkuchen" nicht und hatte nur „Eierkuchen" herausgehört. „Das ist gut!" rief sie freudig, „ich hab nämlich Hunger." Sie zupfte Rudi Prietzel am Hemd. „Rudi", drängelte sie, „mach uns Eierkuchen, ja? Bitte Rudi!"
Die anderen wußten nicht, was sie davon halten sollten. Rudi Prietzel nicht und Anna Marie sowieso nicht.
„Hunger hab ich auch", sagte Camillo abwartend.
„Ich auch", sagte Kristian, „am besten geh ich nach Haus zum Mittagessen."
Nalan sah Rudi Prietzel bittend an. „Los, Rudi!" bettelte sie.
Rudi Prietzel schnaubte kurz durch die Nase. Hunger hatte

er schon seit einer Stunde. Kein Wunder, normalerweise aß er um halb eins. Spätestens. Jetzt war es kurz vor zwei. Aber Eierpfannkuchen für neun Leute? Rudi Prietzel kratzte sich am Kopf. „Wie viele Eier braucht man für neun Portionen?“ fragte er.

„Neun!“ rief Roberto wie aus der Pistole geschossen.

„Mindestens“, sagte Nathalie.

„Und Zucker“, sagte Boris.

„Nein, Salz“, sagte Kristian.

„Ganz viel Mehl“, sagte Nalan.

„Eine Pfanne“, sagte Anna Marie.

Sie erhob sich von ihrem Abfalleimer-Sitz und stellte sich an den Herd. Ehe Rudi Prietzel sich versah, hatte jeder eine Aufgabe übernommen. Nalan und Camillo liefen los, um Eier zu kaufen. Kristian und Boris deckten den Tisch. Nathalie und Anna Marie trugen ein paar Gartenstühle in die Küche. Mevlit begleitete Rudi Prietzel in den Keller, um die Beilagen für die Pfannkuchen auszusuchen. Er entschied sich für zwei Gläser Kirschen mit Kern und ein großes Glas Erdbeermarmelade.

Roberto kümmerte sich um die Zutaten. Seine Eltern betrieben eine Pizzeria. Mit Teig kannte Roberto sich aus. Er schüttete Mehl in eine große Schüssel, streute etwas Salz und etwas Zucker darüber und wartete.

Boris schob ihm die geöffnete Milchpackung hin. „Fang an!“ sagte er ungeduldig. Aber Roberto schnalzte verächtlich mit der Zunge. „Du hast ja keine Ahnung“, sagte er, „zuerst kommen die Eier.“

Aber die Eier kamen nicht. Nalan und Camillo waren schon fast zehn Minuten fort. Dabei war Lene Krüschens Laden doch nur zwei Minuten entfernt. Rudi Prietzel griff

sich an die Stirn. „Die Mittagspause!“ rief er. „Der Laden ist noch geschlossen.“
Das hatten Nalan und Camillo inzwischen auch gemerkt. Nach einer Viertelstunde kamen sie endlich zurück. Völlig außer Atem.
„Der Laden war zu“, japste Nalan, „da haben wir Eier von zu Hause geholt.“ „Schneller ging es nicht“, keuchte Camillo.
Der Stimmung in der Küche hatte die Warterei nicht geschadet. Im Gegenteil. Die Kinder redeten und kicherten und scherzten. So viel Lachen und Fröhlichkeit war lange nicht in Rudi Prietzels Haus gewesen.
Leise ging es nicht gerade zu. Und doch fühlte Rudi Prietzel eine größere Ruhe in sich als in all den vergangenen Tagen und Wochen. Er stand mitten im Trubel und fand es in Ordnung. Der Trubel gehörte dazu, und Rudi Prietzel gehörte dazu.

Vom Kleckern und Rülpsen und Glücklichsein

Einen Moment lang wünschte Rudi Prietzel sich, so möge es bleiben. Leben im Haus. Wie früher mit Guste und Moni und ihren Freundinnen. Er beobachtete die Kinder, die alle um den Tisch herumstanden. Denn jetzt begann Roberto, den Teig zu rühren.
Ein Ei nach dem anderen schlug er auf. Genau in der Mitte brach er die Schale auseinander, ließ das Eiweiß und das Eigelb herausgleiten, zog die Hände dabei elegant in die Höhe und steckte dann die leeren Schalenhälften schwungvoll ineinander.

„Toll“, murmelte Camillo. Auch die anderen sahen voller Bewunderung zu. Ein Schuß Milch, ein Schuß Wasser, rühren, schlagen, noch eine Prise Salz. „Ecco!“ rief Roberto. So wie sein Vater, wenn er aus einem Hefeteigklumpen einen flachen Pizzafladen gedreht hatte. Stolz zeigte Roberto den glattgerührten, dickflüssigen Teig vor. „Jetzt kann's losgehen“, sagte er.
Am liebsten hätte jedes Kind seinen eignen Pfannkuchen gebacken. Aber Rudi Prietzel wollte niemanden an die heiße, schwere Pfanne heranlassen. Das Bratfett zischte, der Teig schlug Blasen und wellte sich am Rand. Rudi Prietzel drehte den halbfertigen Pfannkuchen auf die andere Seite. Als er ihn mit dem Bratenschieber auf den Pfannenboden drückte, quietschte und fiepte es in der Pfanne.
„Hört ihr?“ rief Boris. „Der Pfannkuchen schreit. Er will raus aus der Pfanne.“ Er hielt Rudi Prietzel seinen Teller hin. „Er will auf meinen Teller!“
Camillo drängte sich neben Boris. „Ich will den ersten. Ich hab den größten Hunger“, sagte er.
„Nein, ich“, rief Nalan.
„Ich, ich!“ riefen alle durcheinander.
„Keiner kriegt den ersten“, bestimmte Rudi Prietzel. „Wir stapeln.“ Er ließ den ersten Pfannkuchen auf einen Teller rutschen und deckte einen umgedrehten Teller darüber. Dann briet er den zweiten, den dritten, den vierten Pfannkuchen. Als acht Stück fertig waren, teilte er sie aus.
Das Besteck klapperte auf den Tellern. Das Glas mit der Erdbeermarmelade kreiste. Eine Gabel fiel auf den Boden. Ein Becher kippte um. Mevlit leckte Erdbeermarmelade von seinen Fingern. Nathalie kleckerte Kirschsaft auf ihre Hose. Kristian rülpste. Anna Marie rollte ihren Pfann-

kuchen zusammen und biß hinein. Die Marmelade quoll heraus und tropfte von ihrem Kinn auf den Teller.
Rudi Prietzel stand am Herd und sah zu. Er wendete den neunten Pfannkuchen und wischte sich den Schweiß von der Stirn. Sein Gesicht war rot von der Backhitze. Seine Wangen glühten. Sein Mund lächelte und seine Augen lachten. Es ist gut so, dachte er. Es schmeckt ihnen. Die Kinder fühlen sich wohl. Sie sollen bleiben. Und sie sollen wiederkommen. Dann haben sie wenigstens einen Platz, an dem sie sich treffen können.
Rudi Prietzel füllte neuen Teig in die Pfanne für die nächste Runde Pfannkuchen.
Mein Haus als Kindertreff, dachte er. Was für eine Vorstellung! Aber dann verwarf er den Gedanken wieder. Das ist keine Lösung. Damit ist nichts verändert. Rudi Prietzel schüttelte den Kopf, während er ein Stück Fett am Pfannenrand abstreifte.
Anna Marie stellte sich neben ihn. „Jetzt bin ich dran mit Braten“, sagte sie und nahm ihm den Bratenschieber aus der Hand. Geschickt wendete sie den Pfannkuchen. Rudi Prietzel setzte sich beruhigt an den Tisch und begann zu essen. Anna Marie würde es schon machen.

8. Kapitel

Ein sauberes Fenster und ein schmutziges Telefongespräch

Nalan klingelte am nächsten Tag um kurz vor zehn Uhr, Boris um kurz nach zehn. Nalan fragte, ob sie sich die alten Kinderbücher oben im Dachzimmer anschauen dürfte. Boris sagte einfach nur „Guten Tag“ und blieb vor der Tür stehen. Dann fragte er: „Was machst du gerade?“ Rudi Prietzel winkte ihm, hereinzukommen.
„Ich putze Fenster“, sagte er und zeigte auf das Wischtuch in seiner Hand. Boris folgte ihm ins Wohnzimmer. Er warf einen prüfenden Blick durch die Fensterscheibe.
„Sieht doch noch ganz sauber aus“, sagte er.
Rudi Prietzel lachte. „Diese Seite ja“, sagte er, „die hab ich schon geputzt. Aber guck mal hier durch!“ Boris fand, er könnte alles erkennen. Sogar die kleine Blaumeise hinten im Kirschbaum.
Rudi Prietzel drückte ihm einen nassen Lappen in die Hand. „Wisch mal!“ forderte er ihn auf. Boris rieb und scheuerte. Dann polierte er die Scheibe mit einem trockenen Tuch, genau wie Rudi Prietzel es ihm beibrachte. „Jetzt guck noch mal durch“, sagte Rudi Prietzel. Boris guckte.
„Merkst du was?“ fragte Rudi Prietzel.
„Naja“, sagte Boris. Und nach einer Weile: „Ich seh dasselbe wie eben. Bloß die Blaumeise ist weg.“
Rudi Prietzel bückte sich, um in Boris’ Augenhöhe zu sein.

„Natürlich siehst du dasselbe wie eben“, sagte er. „Aber wie du es siehst, ist entscheidend.“ Er drehte den Fensterflügel ein paar mal vor und zurück. „Jetzt verwischt dir nichts die Sicht. Kein Staub, keine Schmutzschicht. Siehst du die Scheibe überhaupt noch?“
Boris schüttelte den Kopf. „Tatsächlich! Ein glatter Durchblick!“ rief er anerkennend.
Rudi Prietzel schloß das Fenster, wischte noch einmal über die Fensterbank und stellte die beiden Topfpflanzen wieder an ihren Platz.
In der Küche mußten außer dem Fenster noch die Scheiben der Terrassentür geputzt werden. Boris bestand darauf, es allein zu versuchen. „Ich putz sie so blank, daß du denkst, du bist im Garten“, versprach er eifrig.
„In Ordnung“, sagte Rudi Prietzel und nickte.
Gute Sicht ist wichtig, dachte er. Gerade jetzt, gerade für mich. Emil Pillau würde alles versuchen, die Sache herunterzuspielen. Gestern abend hatte er angerufen, um Rudi Prietzel zu überreden, nichts mehr von dem Quecksilber zu sagen. Schweigen sollte er. Wenigstens bis nach der Wahl.
Eine Viertelstunde lang hatte Emil Pillau durchs Telefon genuschelt und gesülzt. Rudi Prietzel hatte so gut wie nichts gesagt. Er hatte Emil Pillau reden lassen. Worüber hätte er auch mit ihm sprechen sollen? Über Verantwortung? Übers Gewissen? Das wäre vergeblich gewesen. Genauso vergeblich, wie Emil Pillaus Überredungskünste Rudi Prietzel gegenüber.
„Laß man, Emil“, hatte Rudi Prietzel schließlich gesagt, „das Gespräch bringt nichts. Wir sind zu verschieden.“
Emil Pillau hatte noch einen letzten Versuch unternommen.

„Der Bürgermeister macht doch sonst ganz gute Sachen", hatte er in den Telefonhörer gerufen. „Es geht doch ums Ganze. Um das Gemeinwohl."
„Eben", hatte Rudi Prietzel geantwortet. Dann hatte er aufgelegt.
Ein scharfer Pfiff riß Rudi Prietzel aus seinen Gedanken. Anna Marie stand am Zaun und winkte: „Kann ich rüberkommen?" rief sie und war schon halb über den Zaun geklettert. Sie hatte den alten Weg gewählt, ins Fenster, durch die Fabrikhalle und über das Grundstück.
„Warum hast du nicht geklingelt?" fragte Rudi Prietzel. Er versuchte, keinen Vorwurf mitschwingen zu lassen.
Aber Anna Marie gab keine Antwort. Sie lachte nur und sagte: „Ich hab mir etwas überlegt. Darüber würde ich gern reden."
Am Kirschbaum blieb sie stehen. Dort saß Kuno. Er blickte mit langgestrecktem Hals nach oben in die Zweige. Seine Ohren bewegten sich aufgeregt hin und her. Immer in die Richtung, aus der das Tschilpen kam. Meisen, Spatzen und bunte Buchfinken flatterten zwischen den Blättern umher. Hüpften von Ast zu Ast, wippten keck auf den äußersten Enden der Zweige, unerreichbar für Kuno.
Es zuckte um sein Maul. Ein gurrendes, abgehacktes „Mau, mau" kam aus seiner Kehle. Unverschämtes Flöten und freches Zwitschern war die Antwort. Kuno stemmte seine Vorderpfoten gegen den Baumstamm. Seine Schnurrhaare zuckten angriffslustig, aber es war aussichtslos.
Eine Amsel stieß ihren schlagenden Warnruf aus. Die Vögel flogen kurz auf, dann ließen sie sich wieder im Geäst nieder.

„Armer Kuno", sagte Anna Marie in gespieltem Mitleid, „ärgern dich die Piepser?" Sie streckte die Hand aus. Kuno lief nicht weg. Sie streichelte ihn, und er ließ es sich gefallen. Anna Marie durfte ihn sogar auf den Arm nehmen. Sie trug ihn zur Terrasse und flüsterte ihm leise etwas ins Ohr.
„Er scheint dich zu mögen", sagte Rudi Prietzel. Anna Marie drückte ihr Gesicht in Kunos weiches Fell. Es war ihr anzusehen, wie sehr sie sich darüber freute. Sie setzte sich auf den Terrassenboden, mit angezogenen Knien gegen die Hauswand gelehnt. „Schön hier", sagte sie.

Fällt man davon tot um?

Boris warf den Lappen in das Putzwasser, daß es spritzte. Stolz betrachtete er seine Arbeit. Sein erstes selbstgeputztes Fenster. Zu Hause hätte ihm seine Mutter so etwas nie erlaubt. Boris wohnte im elften Stock in der Hochhaus-Siedlung hinter der Schule.
Rudi Prietzel nickte anerkennend. Die paar Schlieren in der oberen Ecke übersah er großzügig. „Die Scheiben sind klar wie Luft", sagte er. „Danke!" Er klopfte Boris auf die Schulter. Dann rief er nach Nalan, die immer noch in den Kinderbüchern seiner Tochter schmökerte. „Anna Marie will etwas bereden", sagte er.
Nalan blinzelte, als sie ins helle Sonnenlicht hinaustrat. Sie setzte sich dicht neben Anna Marie, damit sie Kuno auch streicheln konnte. Boris hockte sich auf die andere Seite. Ab und zu fuhr ihm Kunos Schwanz über die Wange.
„Irgend etwas müssen wir unternehmen", begann Anna

Marie, „das steht fest." Ihre helle Stimme und das Lispeln standen in merkwürdigem Gegensatz zu dem ernsten Tonfall, in dem sie sprach. „Zuerst das Hickhack um den lumpigen Platz", sagte sie, „und dann die Geschichte mit dem Gift..." Sie machte eine bedeutungsvolle Pause. „Das geht alles auf unsere Kosten."

„Wieso?" warf Nalan ein. „Wir müssen doch nicht dafür bezahlen!"

Anna Marie machte eine abfällige Handbewegung. „Kein Geld", sagte sie, „aber haben wir jetzt etwa irgendwo einen Platz für uns?"

„Nein", sagte Boris, „und sowieso, das Giftzeug, das Quecksilber, das ist nicht nur auf dem Grundstück da drüben. Das ist längst überall in der Gegend. Hier auch." Boris kam aus der Hocke hoch. Er steckte die Hände in die Hosentaschen und redete weiter. Jeder Satz, den er sagte, versetzte Rudi Prietzel von neuem einen Stich. „Meine Mama arbeitet im Chemielabor", sagte Boris, „bei Guss in Tiefstburg. Sie hat mir nicht geglaubt, daß hier Quecksilber im Boden ist. Aber sie hat mir erzählt, wie schnell Quecksilber zu Dampf wird."

Rudi Prietzel schnaubte leise durch die Nase.

„Der Dampf fliegt durch die Luft und setzt sich überall ab", sagte Boris. Er setzte sich auf den Gartenstuhl neben Rudi Prietzel.

„Was ist eigentlich so gefährlich daran?" fragte Nalan. „Fällt man davon tot um?"

Rudi Prietzel schnaubte wieder, ein paarmal.

„Nicht sofort", antwortete Boris leichthin. Wie jemand, der eine Rechenaufgabe erklärt, dachte Rudi Prietzel.

„Quecksilber sammelt sich im Körper", sagte Boris. „Wo,

weiß ich nicht genau. Jedenfalls macht das krank. Und blöd!" Er zeigte auf seinen Kopf und lachte. Nalan und Anna Marie lachten mit. Ein hilfloses Lachen. Anna Marie rieb ihre Wange an Kunos Rücken.

Dafür bist du noch zu klein

Anna Marie richtete sich plötzlich auf. „Wir lassen uns das nicht gefallen", sagte sie. „Wir machen eine Demo." Nalan und Boris blickten sie fragend an. Rudi Prietzel schüttelte den Kopf. Aber Anna Marie fand ihre Idee gut. Zu der Demonstration sollten ganz viele Leute kommen. Noch mehr, als zu der Demonstration gegen Atomkraftwerke, auf der sie im Frühjahr mit ihren Eltern gewesen war.
„Das schafft ihr nicht", sagte Rudi Prietzel. „Und ich kann euch dabei nicht helfen. Es ist viel zu schwierig." Er schüttelte immer wieder den Kopf. „Womöglich sagen die Leute, ich hätte euch aufgehetzt", sagte er.
„Meine Eltern bestimmt nicht", sagte Nalan schnell.
„Man braucht Plakate und Handzettel", sagte Rudi Prietzel, „das kostet viel Geld."
Anna Marie verzog unwillig das Gesicht. „Andere schaffen es auch", sagte sie.
„Ja", sagte Rudi Prietzel, „aber erst, wenn sich schon viele Leute zusammengetan haben. Wir sind zu wenige."
Boris sprang auf. „Noch!" rief er. „Aber wenn wir sagen, was hier los ist, werden wir mehr. Ganz viele!"
Wieder schüttelte Rudi Prietzel den Kopf. „Und wenn sie uns nicht glauben?" fragte er. „Deine Mutter hat es doch auch nicht geglaubt."

Anna Marie sagte nichts. Sie starrte auf irgendeinen Punkt irgendwo im Blumenbeet. Vielleicht sah es auch nur so aus, als ob sie in die Blumen guckte. Vielleicht war der Punkt, auf den sie starrte, in ihr selbst.
„Im Film würde jetzt einer aufstehen und genau wissen, was zu tun ist", sagte Boris unvermittelt.
„Wie, im Film?" fragte Anna Marie.
Boris spielte es vor. Er ging mit großen Schritten hin und her. Grübelnd. Nachdenkend. Er raufte sich die Haare. Verzweifelt. Plötzlich blieb er stehen, tippte sich an die Stirn. Er strahlte. Ein Licht war ihm aufgegangen.
Nalan lachte. Boris verbeugte sich vor seinem Publikum.
„So ein Quatsch", sagte Anna Marie mißmutig.
„Gar kein Quatsch", sagte Nalan, „in Büchern ist es dasselbe. Jedenfalls sehr oft." Sie redete lauter als sonst, weil sie so erregt war. „Am Anfang passiert etwas Schlimmes, und am Ende ist alles wieder gut", sagte sie.
„Traurige Geschichten find ich blöd", warf Boris ein.
„Ja, ja, ich auch", sagte Nalan, „aber daß auch immer gleich die richtige Lösung gefunden wird, finde ich genauso blöd."
Anna Marie hatte sich jetzt wieder gefangen. „Erwachsene können sich eben nicht vorstellen, daß Kinder mal verzweifelt sind", sagte sie, „oder daß wir uns überhaupt Gedanken machen."
Boris und Nalan nickten beide gleichzeitig.
„Der Lieblingsspruch meiner Mama ist: Davon verstehst du nichts!" sagte Boris.
„Mein Papa sagt immer: Dafür bist du noch zu klein", sagte Nalan.
„Die nehmen uns nicht ernst", sagte Anna Marie.

Eine Weile schwiegen die Kinder. Dann setzte Anna Marie Kuno auf Nalans Schoß und stand auf. Sie schüttelte ihre Beine, die vom langen In-der-Hocke-Sitzen eingeschlafen waren. „Wir müssen jedenfalls etwas tun!“ sagte sie, und ihre Stimme hatte wieder den alten, energischen Klang. „Egal was.“

Gift und Galle statt schöner Lieder

Rudi Prietzel hatte schon ein paarmal versucht, sich in das Gespräch einzuschalten. Aber er wollte nicht einfach dazwischenreden. So hatte er abgewartet und zugehört. Je mehr und je länger er zuhörte, desto stärker wuchs in ihm das Gefühl einer ungeheuren Nähe zu den Kindern. Oder war es Verantwortung? Oder Liebe?

Rudi Prietzel sah sich selber auf seiner Terrasse sitzen, zusammen mit Kindern, die er vor kurzem noch zum Teufel hatte schicken wollen. Sie hatten seine Ruhe gestört. Das konnte man wohl sagen!

Ruhe, dachte Rudi Prietzel, sich zur Ruhe setzen. Wer hatte ein Recht dazu? Was für eine Ruhe war das, wenn der Boden voller Gift steckte?

Die Gedanken, die Rudi Prietzel durch den Kopf gingen, waren keineswegs bitter. Sie stimmten ihn eher zuversichtlich. Denn für ihn war jetzt klar, was er tun mußte. Wie er es anstellen wollte, wußte er noch nicht. Es war auch nicht wichtig. Aber daß er handeln würde, das stand fest.

Rudi Prietzel lächelte. Sein Blick wanderte von Nalan zu Boris und dann zu Anna Marie. Er war mehr als doppelt so alt wie alle drei zusammengerechnet. Und doch fühlte er

sich nicht alt. Rudi Prietzel fühlte sich so lebendig wie lange nicht.
„He!" Anna Marie stieß ihn an. „Wieso lächelst du? Etwa über uns?"
Rudi Prietzel lächelte weiter. Er schüttelte den Kopf. „Nie!" sagte er und hob drei Finger zum Schwur. „Aber mir ist eine Idee gekommen."
Neugierig rückten Boris und Anna Marie näher. Auch Nalan erhob sich vom Boden. Mit Kuno auf dem Arm stellte sie sich neben Rudi Prietzel und hörte zu, was er zu sagen hatte.
„Also", begann Rudi Prietzel, „für eine Demonstration kriegen wir nicht genügend Menschen zusammen."
Anna Marie unterbrach ihn ungeduldig. „Das haben wir schon längst abgehakt", sagte sie, „fang doch nicht wieder damit an!"
Rudi Prietzel bemerkte mit Vergnügen, daß Anna Marie ihn eben zum erstenmal nicht gesiezt hatte. Nalan und Boris und die anderen Kinder hatten gestern sofort „Rudi" und „du" gesagt. Aber Anna Marie hatte jede direkte Anrede mit „du" oder „Sie" geschickt vermieden.
Rudi Prietzel fuhr fort: „Wenn aber auf einer Veranstaltung viele Menschen versammelt sind? Sowieso. Wegen einer ganz anderen Sache. Dann könnte man das doch ausnutzen, oder?"
Gespannt sahen ihn die Kinder an.
„Red weiter!" sagte Boris erwartungsvoll.
Und dann erzählte Rudi Prietzel von der Brunneneinweihung. Daß dort nicht nur viele Zuschauer und Zuhörer seien, sondern auch Politiker und Georg Guss mit seinen Leuten. Und natürlich Journalisten und Fotografen.

„Dort könnte ich reden“, sagte er.
„Du?“ fragte Anna Marie. „Was hast du dort zu tun?“
„Ich trete mit meinem Chor auf“, sagte Rudi Prietzel. „Wir singen. Und ich –“ Rudi Prietzel fing an zu lachen. Er zeigte mit dem Zeigefinger auf sich selbst. „Ich muß ansagen, welches Lied jeweils kommt.“
Anna Marie begriff als erste, was das bedeutete. Sie fiel in sein Lachen ein. „Toll!“ rief sie. „Die werden sich wundern.“
Boris und Nalan brauchten etwas länger, bis sie verstanden.
„Ach so, du sagst dann gar keine Lieder an?“ fragte Nalan.
„Du redest stattdessen über uns? Über das Grundstück? Und über das Quecksilber?“ fragte Boris.
Rudi Prietzel nickte und lachte.

Tellerwäscher und Schaumschläger

Sie malten sich aus, wie verdattert Emil Pillau gucken würde. Und was der Bürgermeister dazu sagen würde. „Ist er nun kinderfreundlich oder altenfreundlich?“ fragte Boris kichernd.
„Giftfreundlich!“ platzte es aus Anna Marie heraus.
„Gussfreundlich!“ rief Rudi Prietzel prustend.
Sie konnten kaum noch sprechen vor Lachen. Sie lachten den Ernst und die Bedrückung aus sich heraus, die seit Tagen in ihnen steckte. Sie kicherten und alberten. Aus jedem Wort wurde ein Witz, jede Bewegung führte zu neuem Gelächter.

„Puh!" machte Anna Marie und hielt sich den Bauch. „Ich kann nicht mehr."
Rudi wischte sich Lachtränen von der Nase. Er ging in die Küche, immer noch lachend. Dort ließ er Wasser zum Geschirrspülen ins Becken laufen. „Es hilft nichts", sagte er, „ich muß jetzt abwaschen!" Die Pfannkuchenteller von gestern standen noch verklebt und verkrustet in der Spüle. Ganz gegen seine Gewohnheit hatte er sie einfach stehen lassen.
„Ich helfe dir", sagte Nalan. Boris und Anna Marie wollten ebenfalls helfen, auch wenn sie Mühe hatten, ihre Albernheit abzustreifen.
„Kann ein Teller eigentlich vom Lachen zerspringen?" fragte Anna Marie kichernd.
„Klar, auf dem Boden", sagte Boris. „Wenn er dir beim Lachen aus der Hand rutscht."
Und schon ging das Gegickel wieder los.
Es wurde ein fröhlicher Abwasch. Nalan hatte viel zu viel Spülmittel ins Wasser gekippt. Berge von Schaum bildeten sich. Am Schluß mußten sie das ganze Geschirr mit klarem Wasser nachspülen. Boris setzte sich einen Schaumtupfer auf die Nase.
Er wollte unbedingt eine Extra-Schüssel mit Seifenwasser haben. „Zum Seifenblasen machen", sagte er.
„Oder zum Schaumschlagen", sagte Anna Marie und grinste dabei so eigenartig.
Rudi füllte sehr viel Spülmittel und sehr wenig Wasser in eine kleine Plastikschüssel und stellte sie auf den Terrassentisch.
Jetzt fehlten nur noch Strohhalme. Aber Strohhalme gab es nicht. Anna Marie fand stattdessen eine Packung

Makkaroni im Küchenschrank. Sie waren hohl wie Strohhalme und lang wie Strohhalme. Boris probierte es aus. Er blies in die dünne Röhrennudel. Es blubberte im Seifenwasser, die ersten Blasen bildeten sich. Nalan blubberte mit. Die Blasen schillerten und glänzten und zerplatzten. Anna Marie sah zu und war begeistert. „Fantastisch!" rief sie und tauchte ihre Makkaroni auch in den Schaumberg. Sie atmete tief ein und blubberte mit voller Kraft. „Genau das ist es", sagte sie dann und lächelte wieder so merkwürdig.

Rudi blickte sie fragend an. „Was meinst du?" fragte er.

„Der Schaum hat so eine tolle Wirkung", sagte Anna Marie schnell. Sie zeigte auf die Schüssel mit dem Schaumberg. Aber es hörte sich an, als dachte sie an etwas anderes.

„Kein schönes Land mehr weit und breit ..."

Kuno schlich geduckt in der Küche herum. Es war ratsam, Rudi heute morgen nicht zu nahe zu kommen. Konnte sein, daß er plötzlich losbrüllte. Oder Kuno wegjagte. Bloß weil er um ein bißchen Milch bettelte. Bloß weil er Rudi um die Beine strich.

Kuno legte sich in den Sonnenstreifen vor der Terrassentür. Die Hinterpfoten unterm Bauch, den Schwanz ordentlich um den Po gekringelt, den Kopf auf den Vorderpfoten. Er blinzelte noch einmal. Doch bevor er die Augen ganz schließen konnte, scheuchte Rudi ihn fort.

„Lieg doch nicht immer im Weg herum!" schimpfte er und stürmte auf die Terrasse. Kuno sträubten sich vor Schreck

die Haare. Keine Milch, kein Schmusen, nicht mal dösen. Das wurde ja immer schlimmer. Zwar hatte Rudi auch gestern wenig Zeit für Kuno gehabt. Er war gereizt und unruhig gewesen. Aber so wie heute?
Vorsichtig pirschte Kuno sich an Rudi vorbei auf die Terrasse. Dann rannte er davon, quer über die Beete bis hinter den Schuppen. Rudi bemerkte es nicht einmal. Er war viel zu sehr mit sich selbst beschäftigt. Oder genauer, mit dem Ereignis, das kurz bevor stand. Mit der Brunneneinweihung.
Doch vorerst stand er noch neben dem Gartentisch und putzte seine Schuhe. Die guten, die schwarzen. Rudi schmierte schwarze Creme auf einen Schuh. Ihm war ganz flau im Magen. Am liebsten würde er zu Hause bleiben. Gar nicht hingehen.
Am Freitag abend hatte er schon dasselbe gedacht. Am Freitag abend war Chorprobe gewesen, die Hauptprobe. Rudi hatte geahnt, daß es wieder Krach geben würde. Und genauso war es gekommen.
„Am Brunnen vor dem Tore" und zwei andere Brunnenlieder hatten sie schon gesungen. Dann sollte ein weiteres Lied folgen: „Kein schöner Land in dieser Zeit, als hier das unsre weit und breit".
Aber Paul Manzak mit seinem dröhnenden Baß hatte einen anderen Text gesungen. Laut und vernehmlich hatte es jeder hören können: „Kein schönes Land mehr weit und breit, alles voll Gift in dieser Zeit ..."
Die anderen Mitglieder der „Harmonie" waren verstummt. Entgeistert hatten sie Paul Manzak angesehen.
„Ist doch wahr", hatte er gesagt. „Und für den, der alles zu verantworten hat, singen wir auch noch." Da war der Streit

wieder losgegangen. Von Harmonie keine Spur mehr. Für die einen war der Auftritt bei der Brunneneinweihung das wichtigste gewesen, für die anderen die Frage nach den Hintergründen des Grundstück–Geschäfts. „Wir können doch nicht einfach singen, als wäre nichts geschehen", hatte Lene Krüschen gesagt.

Rudi war froh gewesen, daß Emil Pillau auch diesmal abgesagt hatte. Beim Chorauftritt würde er ebenfalls nicht mitsingen. Er habe andere Aufgaben, hatte er bestellen lassen. Wenn Emil Pillau bei der Hauptprobe dabei gewesen wäre, hätten sie sich noch mehr zerstritten.

Schließlich hatten sie eine Vereinbarung getroffen. Eine Art Streit–Stillstand. Die „Harmonie" sollte bei der Einweihung singen, wie verabredet. Nach dem Fest sollte dann diskutiert werden. „Aber dann muß Emil Pillau dabei sein!" hatte Lene Krüschen gefordert. Rudi hatte sie kaum wiedererkannt, so energisch war sie gewesen, und ganz ohne ihr Ich–halt–mich–da–raus–Lächeln.

Rudi polierte die eingecremten Schuhe, obwohl sie längst glänzten. Worauf hatte er sich nur eingelassen! Er hielt inne. Wieso eigentlich? dachte er. Es kann mich doch niemand zwingen, bei der Feier zu reden. Rudi bürstete weiter über die Schuhe. Ich könnte ganz normal die Lieder ansagen und sonst nichts, dachte er.

Rudi ging ins Haus und zog seinen dunklen Anzug an. Er seufzte. Nein, dachte er, das ist unmöglich. Ich muß reden. Wegen der Kinder, aber auch meinetwegen. Er band eine Krawatte um. Er zupfte und zerrte. „Verflixt!" fluchte er. Endlich hatte er den Knoten gebunden.

Beim Schuheanziehen überkam ihn wieder dieses eigenartige Gefühl in der Magengegend. So, als ob der Magen

plötzlich Flügel hätte. Rudi atmete tief durch. Er zog die Luft durch die Nase und schnaufte. Rudi, sagte er zu sich selbst, es hilft nichts, du mußt.
Mußte er? Was mischte er sich da ein? In seinem Alter? Sollten doch die Jüngeren Verantwortung zeigen. Die Eltern der Kinder zum Beispiel.
Rudi strich über seinen Kopf und die spärlichen Haare. Er mußte jetzt gehen, sonst würde er zu spät kommen. Doch vorher wanderte sein Blick noch einmal zum Nachbargrundstück hinüber. Die zerfallene Fabrikhalle. Die Fässer mit der Totenkopf-Warnung. Der Boden, dem man nichts ansah. Der hohe Zaun.
Je länger er hinsah, desto größer wurde wieder die Wut in ihm. Rudi nickte ein paarmal, um sich selbst Mut zu machen. Dann richtete er sich auf. Wenn ich nicht zu alt zum Singen bin, bin ich auch nicht zu alt zum Reden, dachte er und zog die Terrassentür zu.
Da entdeckte er Kuno. Hinten am Schuppen stand er mit steil aufgerichtetem Schwanz. Aufmerksam blickte er zu Rudi herüber. Rudi riß die Tür wieder auf.
„Mensch, Kuno!" rief er und streckte ihm beide Hände entgegen. „Hast noch nicht mal deine Milch gekriegt heute morgen." Kuno kam angeschossen, als hätte er nur darauf gewartet. Rudi hob ihn auf den Arm.
„Alter Junge", flüsterte er. Er drückte seine Wange an Kunos Fell, so wie Nalan es immer tat. Ein wohliges Gefühl durchströmte ihn. Er goß etwas Milch in ein Schüsselchen und wartete, bis Kuno trank. „Dann geh ich also mal", sagte er und machte sich auf den Weg.

9. Kapitel

Ein Störenfried mit Herzklopfen

In der Fußgängerzone wimmelte es von Menschen. An normalen Sonntagen war hier so gut wie nichts los. Höchstens ein paar Schaufenster–Bummler oder Spaziergänger, die eine der Gaststätten aufsuchten. Aber heute war schließlich kein normaler Sonntag. Heute war die Einweihung des neuen Brunnens.

Die letzten Vorbereitungen für das große Ereignis wurden getroffen. Mehrere Männer und Frauen liefen geschäftig hin und her, befestigten eine herabgefallene Girlande neu, steckten Fähnchen in Blumenkübel, rückten Bänke. Bis gestern nachmittag hatten Steinmetze und Handwerker noch an dem Brunnen gearbeitet. Nun war er fertig.

Ein riesiges rundes Steinbecken aus dunklem Granit auf einem niedrigen Sockel. Mittendrin eine geriffelte Marmorsäule, etwa zwei Meter hoch. Nach oben hin verdickte sie sich und mündete in einen Kranz aus unendlich vielen Düsen. Im Brunnenbecken stand noch das Wasser vom gestrigen Probelauf.

Rudi sah sich alles genau an. Auf diese Art und Weise konnte er seine Nervosität wenigstens etwas überspielen. Auf dem Weg hierher waren ihm immer wieder Zweifel gekommen.

Sollte er das Wort ergreifen? Sollte er es lassen? Rudi war hin– und hergerissen. Ihm war schon ganz schlecht

vor Aufregung und Ungewißheit. Würde er sich wohl trauen?
Wenn es sich wenigstens nicht um ein Fest, sondern um eine Kundgebung gehandelt hätte. Um eine Versammlung, zu der die Leute gekommen wären, weil das Thema sie interessierte. Zum Beispiel „Schmutzige Geschäfte in Kiesheim", oder „Umweltverschmutzung und Mauschelpolitik". Aber die Brunneneinweihung war eine Feier. Alle wollten etwas Schönes erleben. Eine Feier ließ sich niemand gerne stören. Doch er, Rudi Prietzel, würde ihre Feier stören, ihren schönen Tag verderben.
Rudis Herz klopfte wild. Jetzt winkte Hennie Pusch. Gleich ging es los. Die Mitglieder der „Harmonie" begaben sich auf die geschmückte Tribüne neben dem Brunnen. Weiter hinten in der Straße entstand in diesem Augenblick ein Gedränge. Wie ein Knäuel bewegte es sich auf den Brunnen zu. Die Prominenz.
Bürgermeister Drücker und Georg Guss vorneweg, dahinter die Stadtpolitiker, Geschäftsleute und Ladenbesitzer, der Pfarrer, die Schulrektorin, ein paar höhere Beamte und verschiedene Vereinsvertreter. Allesamt Würdenträger und Amtsinhaber. Alle, die Rang und Namen hatten, alle, die etwas zu sagen hatten in Kiesheim.
Da durfte Emil Pillau nicht fehlen. Rudi reckte den Hals, um ihn zu suchen. Jetzt sah er ihn. Er kam zwar als letzter, aber doch eher als glanzvoller Abschluß. Denn er war umgeben von mehreren Fotografen und Journalisten. Wichtigtuerisch bahnte er den Presseleuten einen Weg zur Tribüne.
Dort hatten Georg Guss und der Bürgermeister inzwischen ihre Plätze eingenommen. Sie saßen zusammen mit

den anderen Prominenten links neben dem Chor. Vier Stuhlreihen waren aufgestellt. Genau gestaffelt nach der Wichtigkeit der Person setzten sich nun alle in die erste, zweite, dritte oder vierte Reihe. Rudi bemerkte belustigt, daß Emil Pillau in der hintersten Reihe plaziert wurde. Doch zur weiteren Beobachtung war jetzt keine Zeit mehr.

Wasser marsch!

Hennie Pusch hob beide Arme. Das war das Zeichen. Laut Programm sollte der Chor ohne weitere Ankündigung das erste Lied singen. Danach würde der Bürgermeister seine Ansprache halten.

Noch einmal räuspern, Kammerton „A" summen, der Chor sang. „Am Brunnen vor dem Tore" erklang es vielstimmig. Rudi mochte das Lied nicht besonders, aber jetzt tat es gut zu singen. Die gefühlvolle Melodie beruhigte Rudis überspannte Nerven. Mit jeder Strophe schwand seine Zerrissenheit.

Ich trau mich, dachte er, ich rede. Trotzdem hatte er Herzklopfen vor Aufregung.

Das Lied war zuende. Bürgermeister Drücker trat ans Mikrophon. Rudi hörte nicht, was er sagte. Er starrte auf das Mikrophon wie auf einen Feind. Gleich war die Reihe an ihm. Der Schweiß brach ihm aus. Sein dunkler Anzug zog die Hitze förmlich an. Seine Haut war heiß und kalt zugleich. Nur noch ein, zwei Minuten.

Rudi schnaubte leise durch die Nase. Nur noch wenige Augenblicke. Er spürte eine Gänsehaut, die ihm die Arme und den Rücken hinunterkroch.

Gleich, gleich.
Der Bürgermeister wandte sich zu Georg Guss. „... danken wir vor allem unserem großen Unternehmen, der Guss AG, die diesen Brunnen ermöglicht hat", sagte der Bürgermeister. „Wir danken unserem Georg Guss. Wir danken unserem Gönner." Er deutete mit einer ausladenden Armbewegung auf Georg Guss, der sich jetzt erhob und mit beinahe huldvollem Lächeln ins Publikum grüßte. Der Bürgermeister drückte ihm die Hand, eifrig und eilfertig. Georg Guss nickte mit dem Kopf, kurz und lässig. Dann streckte der Bürgermeister seinen Arm aus. „Achtung!" rief er und ließ seinen Arm nach unten fallen, „Wasser marsch!"
Alle blickten gespannt auf die Marmorsäule. Es tröpfelte, dann schoß das Wasser aus den Düsen am oberen Ende der Säule. Es stieg auf, wurde weiter in die Höhe gedrückt, einen Meter hoch, zwei Meter hoch.
„Ahhh!" riefen die Zuschauer.
Das Wasser fiel zurück, in einem engen Bogen, umgeben von feinem Sprühnebel. Hart stürzte der Strahl der Fontäne dann ins Becken. Er prasselte ins stehende Wasser. Feine Bläschen bildeten sich, wie Gischt sah es aus.
Die Zuschauer klatschten.
Die Gischt wurde stärker. Schäumte. Schäumende Gischt. Nein, Schaum. Es war Schaum! Kleine weiße Schaumberge wuchsen aus dem Wasser, türmten sich wolkenartig, fielen wieder zusammen, wuchsen weiter. Kleine Schaumblasen, dicht an dicht, an der Oberfläche größer werdend. Schillernde Seifenblasen.
Sprachlos starrten alle auf das Schauspiel im Brunnen. Auch dem Bürgermeister hatte es die Sprache verschlagen.

Nur Rudi nicht. Er sah den Schaum und erinnerte sich. Blitzschnell zogen Bilder an ihm vorbei: Die Kinder. Das Seifenwasser. Die Seifenblasen. Rudi hatte seine Sprache endlich gefunden.
Entschlossen trat er neben den Bürgermeister ans Mikrophon. Wie selbstverständlich zog er es zu sich heran. „Meine Damen und Herren", sagte er und seine Stimme zitterte ein wenig. Aus dem Hintergrund hörte er Emil Pillau „Rudi!" rufen, in einer Mischung aus Vorwurf und Erstaunen. Plötzlich stand Anna Marie vor der Tribüne. Und Nalan. Und Boris. Von überall her tauchten Kinder auf. Nathalie, Roberto, Kristian. Neben dem Brunnen bauten sie sich auf. Mevlit, Camillo. Und noch viele andere.
Rudi räusperte sich. Er sah die Kinder, und seine Aufregung verflog.

Rudi Prietzels Kinder

„Meine Damen und Herren", wiederholte Rudi. Die Kinder sagten kein Wort. Alles, was sie taten, taten sie stumm und ernst. Sie hatten Gefäße mit einer Flüssigkeit in der Hand, Dosen, Gläser, Plastikschälchen. Sie tauchten kleine Drahtschlingen hinein, zogen sie langsam heraus und bliesen dann hindurch. Je nach Größe der Schlinge lösten sich kleine oder große Seifenblasen, unablässig neue.
„Was Sie sehen, ist ein stummer Aufschrei", sagte Rudi, ohne daß er es sich vorher überlegt hätte. „Ein Aufschrei gegen das Gift in unserer Erde, dem unsere Kinder ausgesetzt sind. Und wir Erwachsenen auch." Er zögerte. Dann

fügte er hinzu: „Sie auch. Jedenfalls alle, die in der Umgebung des alten Guss-Grundstücks leben."
Das Gemurmel in der Menschenmenge nahm zu. Der Bürgermeister war völlig überrumpelt. Ziemlich hilflos stand er neben Rudi und wußte nicht, wie er sich verhalten sollte.
Die Kinder machten weiter Seifenblasen. Schweigend. Unaufhörlich. Die Seifenblasen schwebten durch die Luft. Sie setzten sich auf die Haare, die Arme, die Kleider. Sie schillerten und glänzten und zerplatzten. Aber sofort kamen neue angeschwebt.
Rudi redete weiter: „Das Gift kam nicht von irgendwoher oder gar von selbst. Es wurde verursacht vom größten Unternehmen am Ort." Rudi drehte sich um und sah Georg Guss ins Gesicht, so daß jeder merkte, wer gemeint war. „Das Gift wird verharmlost und vertuscht vom höchsten Politiker im Ort", sagte Rudi und blickte den Bürgermeister an. „Die Verseuchung läßt sich nicht durch einen Zaun rückgängig machen. Und schon gar nicht hinter der Ruhe der Anwohner verstecken."
Georg Guss hüstelte und der Bürgermeister schnappte nach Luft.
Rudi machte eine kleine Pause und fuhr dann fort: „Das Allerschlimmste ist aber die Verantwortungslosigkeit. Alle wußten, was sie taten. Ganz genau."
Der Bürgermeister schüttelte den Kopf. „Ich?" rief er. „Das ist eine Unverschämtheit!" Er versuchte, Rudi das Mikrophon zu entreißen, aber Rudi hielt es fest.
Ein paar Helfer des Bürgermeisters stürzten hinzu, auch Emil Pillau. „Idiot!" zischte er. Einige Zuschauer riefen: „Er soll reden! Was ist das für eine Geschichte?"

Georg Guss murmelte etwas von „Pressekonferenz am Nachmittag“ und versuchte, mit seinen Leuten, die Tribüne zu verlassen.
Die Fotografen ließen sich nichts entgehen. Ununterbrochen klickten die Auslöser ihrer Apparate. Es war ein ungeheurer Tumult.
Hennie Pusch wollte retten, was zu retten war. Sie gab dem Chor den Einsatz. Die meisten Chormitglieder waren so verblüfft, daß sie dem Zeichen folgten. Sie begannen das nächste Lied zu singen. Das Gesicht von Hennie Pusch war gerötet. Sie blinzelte nervös mit den Augen und warf dem davoneilenden Georg Guss entschuldigende Blicke zu.
Da wurde es Rudi zuviel. In so einem Chor wollte er nicht singen. Was war das noch für eine Harmonie? Rudi zwängte sich durch die Fotografen und Reporter. „Die Herren sollen zur Verantwortung gezogen werden!“ rief er im Gehen und stieg die vier Stufen der Tribüne hinab. Nur weg von diesen Heuchlern und Giftmischern, dachte er.
Er drängte sich durch die Menge. Vor dem Brunnen blieb er stehen. Das Schaumgebirge war längst über den Bekkenrand gequollen. Eine Riesenschüssel voller Seifenschaum.
Rudi fing an zu lachen. Er sah sie in Gedanken vor sich: Anna Marie, Nalan, Boris. Wie sie sich mit der Makkaroninudel im Mund über die Schüssel auf seinem Terrassentisch beugen und ins Seifenwasser blubbern.
„Gute Idee, nicht?“ fragte jemand von hinten. Anna Marie zupfte Rudi am Anzugärmel. Alle waren sie jetzt da. Alle seine Kinder.

Die Kinder standen um Rudi herum und erzählten. Wie sie auf die Idee gekommen waren, wie sie spätabends das Spülmittel ins Brunnenbecken gekippt hatten, und wie sie sich bis zum „Wasser marsch“ versteckt hatten. Es ging ziemlich durcheinander. Manchmal redeten mehrere gleichzeitig. Aber das war unwichtig.
Rudi strahlte sie an. „Toll“, sagte er immer wieder. „Ihr seid toll.“
Er zog sein Jackett aus und hängte es über die Schultern. Dann band er den Schlips ab und öffnete den obersten Hemdknopf. „Erst mal Luft holen“, sagte er. „Ich war schrecklich aufgeregt.“
„Wir auch“, sagte Anna Marie. Sie hatte rote Flecken auf den Wangen. „Du bist ganz rot im Gesicht“, sagte sie zu Rudi.
„Ja“, sagte er, „du auch.“
„Glaubst du, es hat was bewirkt?“ fragte Anna Marie.
Rudi legte seinen Arm um sie. „Ja“, sagte er, „ganz sicher. Mit der Geheimnistuerei ist es jetzt vorbei.“ Anna Marie war nie leicht zu überzeugen. Jetzt auch nicht. Rudi drückte sie an sich.
„Das ist vielleicht nicht viel“, sagte er. „Aber viel mehr können wir nicht tun. Wir können schließlich das Gift nicht einfach ausgraben.“ Seine Stimme klang sehr zuversichtlich. „Jetzt wissen viele davon. Es ist ein erster Schritt.“ Dann fügte er hinzu: „Wenigstens ein kleiner.“
„Nun untertreib mal nicht“, sagte eine wohlbekannte tiefe Stimme neben ihm. Paul Manzak stand schon eine ganze Weile dort. Rudi hatte es noch gar nicht bemerkt. Und da

war ja auch Lene Krüschen. Und viele andere aus dem Chor. Es wurden immer mehr.
Rudi sah zur Tribüne hinüber. Hennie Pusch mühte sich noch immer, die Ordnung aufrecht zu erhalten. Sie dirigierte weiter. Doch höchstens ein Drittel der Chormitglieder war noch bei ihr. Der Gesang wurde dünner und dünner. Schließlich gab sie auf. Was nun? fragte ihr Blick, den sie zum Bürgermeister schickte.
Aber der Bürgermeister hatte genug mit seinen eignen Problemen zu tun. Im Augenblick bestand sein Hauptproblem darin, die Zuschauer für das zu interessieren, was er sagen wollte. Vor allem die Pressevertreter. „Hören Sie doch!“ rief er, doch niemand hörte.
Alle wollten hören, was Rudi zu sagen hatte. Der Bürgermeister blieb mit wenigen Getreuen auf der Tribüne zurück. Emil Pillau redete unablässig auf ihn ein.

Das Ende – aber danach geht es weiter

„Um was für ein Gift handelte es sich?“ fragte eine Reporterin.
„Wie haben Sie davon erfahren?“ fragte ein anderer.
„Wieso haben die Kontrollbehörden nichts bemerkt?“ fragte eine Frau aus dem Publikum.
Es gelang Rudi, knapp den Hergang zu erzählen. Jedenfalls einigermaßen. Ganz einfach war es nicht. Viele Fragen mußten offenbleiben. Vieles blieb unverständlich.
„Ich kann mich nicht hineinversetzen in die Köpfe und Beweggründe vom Bürgermeister und von Georg Guss“, sagte Rudi.

Ein Journalist fragte: „Was werden Sie jetzt tun?"
„Ich?" fragte Rudi zurück. Er wußte genau, wie die Frage gemeint war. Aber er sagte: „Ich geh Kaffeetrinken. Oder Eisessen. Da drüben in der ‚Schönen Müllerin'. Und die Kinder nehm ich mit."
Ein zustimmendes Gejohle zeigte ihm, daß er das Richtige gesagt hatte.
Nalan nahm Rudis Hand und legte sie um ihr Glas mit Seifenwasser. „Hier", sagte sie und hielt ihm auch die Drahtschlinge hin. „Puste du mal!"
Rudi lächelte. Es war nicht mehr viel Waser im Glas, er mußte es schräg halten. Langsam tauchte er die Schlinge hinein. Vorsichtig zog er sie heraus. Er blies, langsam und vorsichtig.
Eine große Seifenblase hing an der Schlinge, eine sehr große. Sie schillerte in allen Farben. Ihre dünne Haut war ständig in Bewegung, wie Wasser im Strudel, mal glänzend, mal glitzernd.
Rudi hob die Schlinge mit der Riesenblase in die Höhe und hielt sie über seinem Kopf. Einen Moment lang blickte er gedankenverloren hinein. Nalans Augen spiegelten sich darin. Dann löste er die Blase mit einer schnellen Bewegung vom Draht. Sie drehte sich gemächlich um sich selbst, veränderte ihre Form und ihre Farben, ein paarmal.
Rudi sah ihr nach, wie sie zu Boden schwebte. Er lächelte.
„Kommt jetzt", sagte er.